60 Días para el Paraíso

¡Queremos un nuevo mundo!

¡Queremos el paraíso!

Dr. Eduard Schellhammer

Traducción del inglés *60 Days to Paradise*, 2020.
© **Derechos de autor. Dr. Eduard Schellhammer. Todos los derechos reservados.**

ISBN: 9798556798908
Imprint: Independently published

Indice

¡Queremos un mundo nuevo!

¡Queremos el paraíso!

Queremos vivir una filosofía de vida holística y positiva, una esperanza real.
Queremos entender nuestros sentimientos y ser capaces de manejarlos.
Queremos vivir con veracidad, amor y nuestras necesidades psíquicas reales.
Queremos aclararnos, pensar a fondo también de una manera creativa.
Queremos entendernos, nuestra vida interna y nuestro comportamiento.
Queremos adquirir conocimientos y poderes para superar la vida con éxito.
Queremos ser auténticos, completamente autorrealizados y una persona fuerte.
Queremos ideales, valores, normas y reglas reales, eficaces y constructivos.
Queremos un estilo de vida auténtica con excelente autogestión.
Queremos prepararnos a una relación y a una vida familiar feliz.
Queremos vivir nuestra necesidad de sexo y ternura con mucho amor.
Queremos estar libres de cargas biográficas y complejos inconscientes.
Queremos saber solucionar dificultades, crisis, problemas y conflictos.
Queremos honrar el significado eterno más profundo (arquetípico) del matrimonio.
Queremos éxito con nuestros hijos haciéndolos reales y fuertes.
Queremos vivir y crecer con el sentido de vida auténtico, arraigado en el interior.
Queremos entender nuestros sueños – los mensajes del espíritu interior.
Queremos meditar adecuadamente y practicar el entrenamiento mental para el bienestar.
Queremos todos los arquetipos del alma para nuestro cumplimiento completo.
Queremos cuidar la salud, el medioambiente, la humanidad y el planeta.
Queremos paz, equilibrio de poder y distribución justa de los recursos.
Queremos políticos, administradores y soberanos arraigados en el espíritu interior.
Queremos que los medios de comunicación nos digan lo que es realmente importante en la tierra.
Queremos libertad de palabra, de pensar y transparencia en la vida política.
Queremos una nueva educación que promueva la vida interna y la verdad.

Mientras rechazas el paraíso, tú también estás en el lado oscuro de la humanidad.

¡Nunca queremos el infierno en la tierra!

Nunca queremos superficialidad, mentiras, mentiras de vida, engaños, falsedad, torpeza, crudeza, narcisismo, terquedad, boca grande, arrogancia, ignorancia, irracionalidad, sadismo, falta de respeto, impertinencia helada y crueldad.

Nunca queremos a las personas que envenenan a la humanidad con su inmoralidad, su ego inflado, su megalomanía, su perversión, su dogmatismo y fundamentalismo, su superstición, su manía, su locura, su codicia extrema, sus objetos diabólicos y su psicosis religiosa.

Nunca queremos ser engañados, cebados, lavados de cerebro, manipulados, oprimidos y llevados a aberraciones enfermizas. Nunca queremos ser abusados como seres humanos y financieramente como esclavos. Nunca queremos ser tratados como personas vacías sin alma para convertir a algunas personas seleccionadas en multimillonarios súper ricos.

Nunca queremos polución y contaminación, cambio climático, destrucción del medio ambiente, explotación de recursos, especulación, pobreza y miseria globales, injusticia, residuos nucleares, armamento y guerra, fascismo y leyes y prácticas similares a los nazis.

Nunca queremos fachadas o máscaras que oscurezcan o trocen realidades. Nunca queremos ser marionetas de la política y los negocios o la industria, y nunca queremos ser separados de la verdad y engañados con falsas promesas.

Levántate y lucha por el paraíso
o eres parte del infierno en la tierra.

¿Qué quieres?

¡DECÍDETE AHORA!

El libro **"60 Días para el Paraíso"** te da todo el conocimiento y todas las habilidades que necesitas para resolver problemas, tener éxito, encontrar la felicidad y lograr la satisfacción auténtica.

¡Lee un artículo al día y practica los consejos y estímulos para cambiar tu vida para mejor!

¡Vuélvete cada día más fuerte, más confiado; y lograrás una nueva calidad en tu vida!

¡Amplia tus conocimientos, adquiere nuevas habilidades y aplícalos para superar eficazmente tu vida, para crecer con tu vida interior, y obtener tu boleto al paraíso!

La solución para la humanidad y la tierra tiene una perspectiva clara y factible:

Si 500 millones de personas viven los **60 Días para el Paraíso**, la humanidad y la tierra tendrán el mejor camino posible hacia un buen futuro.

1. Constrúyete una filosofía de vida positiva

👍 *Necesitas un concepto equilibrado de una filosofía de vida positiva.*

👍 *Una filosofía de vida positiva incluye el organismo psíquico-espiritual.*

👍 *Los efectos de tu comportamiento a largo plazo y laterales son parte de una filosofía de la vida positiva.*

👍 *Una filosofía de vida positiva también incluye tus capacidades eficientes para superar la vida.*

👍 *El estado de la humanidad y de la tierra siempre debe tenerse en cuenta una filosofía de vida positiva.*

👍 *El dinero, el trabajo, los negocios, las corporaciones y la política deben satisfacer a las personas y permitir que todos vivan una vida justa.*

La red de una filosofía de vida positiva:

- Franqueza y disposición a cambios.
- Integración flexible de las realidades de la vida.
- Vivir con habilidades sociales y técnicas de vida.
- Ser responsable por la salud propria y el medio ambiente.
- Formar una autogestión eficiente.
- Liberación del destino ancestral arcaico.
- Armonía entre la vida interior y exterior.
- Dar la máxima prioridad a la vida interior y a los valores humanos.
- Conciencia de los mundos interiores y de las realidades exteriores.

- Comprender a la humanidad como una comunidad en un camino espiritual.

- Solidaridad con la comunidad de personas en todas las necesidades humanas básicas.

- Autocontrol dentro del mundo interior y exterior.

- Limpiar el inconsciente para lograr la paz interior y la paz en la tierra.

- Solución y equilibrio de todas las fuerzas interiores opuestas.

- Conocimiento de la complejidad de la vida interior y exterior.

- Conciencia múltiple sobre las personas y el mundo.

- Percepción diferenciada de la realidad propia.

- Vivir conscientemente con espíritu y amor por el ser humano.

 *O vives en la verdad o vives mentiras de vida. ¡Definitivamente no hay paraíso para aquellos que no buscan y quieren vivir la verdad!*

¡Tú decides!

2. Honra, vive y protege los valores humanos

👍 *Todos los valores humanos deben estar bien fundados en el organismo psíquico-espiritual.*

👍 *Todos los valores humanos expresan un potencial evolutivo y arquetípico.*

👍 *Todos los valores humanos son incluidos en el entorno social y natural.*

👍 *Todos los valores humanos deben ser vistos en la red de la humanidad como una unidad y totalidad.*

👍 *El futuro de la humanidad está en los arquetipos del alma y en los valores humanos.*

Los valores humanos absolutos imprescindibles:

➡ Todas las funciones psíquicas y espirituales individuales expresan valores humanos.

➡ El organismo psíquico-espiritual es en sí mismo un valor humano.

➡ El desarrollo del organismo psíquico-espiritual es un valor humano.

➡ Los arquetipos del alma son el valor humano eterno superior.

Formar e integrar valores humanos es tu responsabilidad:

- Amor, confianza, verdad, felicidad, libertad, esperanza, satisfacción, cumplimiento
- Autenticidad, originalidad, auto realización, aumento de la personalidad
- Autoidentidad, autoestima, confianza en sí mismo, voluntad fuerte, determinación, firmeza
- Carácter moral, integridad, personalidad equilibrada, autocontrol, talentos
- Diversión, placer, alegría de vivir, bienestar, placer de vivir, ganas, expresión cultural
- Capacidad para lograr, capacidades, creatividad, autogestión, estilo de vida personal
- Crear el entorno para las personas y para el cumplimiento de todos los seres humanos

 *O vives valores humanos o vives el infierno. ¡No hay paraíso a menos que vivas valores humanos!*
¡Tú decides!

3.   Ama estar en esta tierra

👍 *Aprecia tu ser físico, tu ser psíquico, tus talentos, tu carácter especial y tus potencialidades espirituales.*

👍 *Aprecia todo lo que la vida te ofrece para vivir, para realizarte, incluido todas las cosas pequeñas que pueden traerte alegría en la vida.*

👍 *Aprecia todas las oportunidades de aprender para tu desarrollo, para tu trabajo, para tu hogar, para tu vida con una pareja, para una relación y para una familia.*

👍 *Aprecia lo que tu sociedad puede darte: Un cuadro para tu vida, una infraestructura, una identidad cultural y mucho más.*

👍 *Aprecia la historia de tu país y tu cultura, hecha de todos los pioneros a lo largo de los siglos con innumerables esfuerzos para una vida mejor y más cómoda.*

El amor es para:

Tú mismo, tus seres queridos, tus hijos, el mundo de los niños y adolescentes, el mundo de los adultos y de los ancianos, la humanidad y la tierra (naturaleza), el espíritu interior y Dios.

Las habilidades para amar se expresan en:

- Interesarte activamente en la vida psíquica-espiritual del hombre.
- Dar muy importancia a tu propia vida psíquica-espiritual.
- Formar conscientemente toda la vida psíquica.
- Valorar, promover y utilizar tus propios recursos reales.
- Razonar los altos valores del ser humano.
- Descubrir las fuerzas espirituales en tu proprio interior y en los demás.
- Tratar atentamente las fuerzas destructivas inconscientes.
- Cuidar el pensamiento y las actuaciones constructivos y múltiples.
- Estar disponible para vivir tu propio deseo de una manera abierta y creativa.
- Observar las necesidades saludables del cuerpo y cuidarlas.
- Experimentar y apreciar la naturaleza regularmente y activamente.
- Proteger y cuidar los valores de la familia y de la relación.

O aprendes a amar tu ser en esta tierra o acabarás en completa destructividad.

¡No hay paraíso sin amor por estar en la tierra! ¡Tú decides!

4. Crea un proceso continuo de cambios

👍 *Puedes desarrollarte y crecer holísticamente.*

👍 *Puedes renovarte tu ser el más interior.*

👍 *Puedes cambiarte cuando quieras.*

➔ Puedes cambiar a ti mismo y tu vida por más autenticidad, amor, satisfacción y felicidad.

➔ Debes querer cambiarte y motivarte para mejoras.

➔ Cambiar tu ser humano y tu vida hacia una calidad mayor conducirá simultáneamente a una verdadera realización personal.

Puedes activar la esperanza, la flexibilidad y la iniciativa para el cambio:

- Cambia las expectativas por apropiación de oportunidades realistas.
- Cambia tu autoimagen por cambia de tu autopercepción.
- Realiza tus talentos y potenciales tanto como sea posible.
- Resuelve conflictos contigo mismo, con tu pareja y con la vida.
- Encuentra una mayor satisfacción por procesos de aprendizaje.
- Aclara tus sentimientos y actitudes que impidan cambios.
- Desarrolla a ti mismo con actitudes de honestidad y veracidad.
- Cambia actitudes y creencias rígidas que no sean aplicables a la vida.
- Libérate del inconsciente, de las codificaciones ineficientes y destructivas (programación).

- Transforma el egoísmo y narcisismo por auto reflexión.

- Mejórate para convertirte en una persona universalmente equilibrada.

- Cambia los ideales e ilusiones exagerados sobre tú mismo, la vida y Dios.

- Reflexiona críticamente sobre el contenido múltiple de tu conciencia.

- Elabora tu biografía para crecer en dirección de más autenticidad.

- Cambia tu comportamiento destructivo por la auto reflexión.

- Elabora las situaciones difíciles de tu vida interior y exterior.

- Aprender sobre las personas y la vida conduce siempre a cambios.

- Vivir constructivamente siempre requiere aprendizaje.

- Tener niños pide aprender de tus hijos.

O creas un proceso de cambio o terminarás como un ser humano lavado de cerebro y manipulado.

¡No hay paraíso sin cambios hacia la autenticidad y la eficiencia!

¡Tú decides!

5. Cuida objetos de vida holísticos

👍 *Sólo puedes alcanzar objetos de vida altas si te formas holísticamente.*

👍 *Sólo tienes una vida con un tiempo de vida limitado para realizarte de la mejor manera posible.*

👍 *Si no miras por de objetos de vida realistas, incluido tu vida interior, quedarás atrapado en una red de mentiras y engaños.*

👍 *Todos los objetos de vida realistas sirven a tu crecimiento psíquico-espiritual (evolución).*

Cómo puedes desarrollar tus objetos de vida holísticos:

→ Tómate tiempo para tu <u>autoconocimiento</u> múltiple y amplio.

→ Desarrolla una imagen <u>de tú mismo</u> cada vez más diferenciada.

→ Adquiérete <u>conocimientos de las personas</u> múltiples y del mundo.

→ Comprende la <u>trascendencia</u> por crecimiento psíquico-espiritual.

→ Experimenta la <u>existencia</u> en la complejidad de la vida interior y exterior.

→ Da importancia a la <u>autoanálisis</u> fuerte y positiva.

→ Libérate de <u>mecanismos de defensa</u> y proyecciones.

→ Trata abiertamente y dinámicamente una <u>integración de todas realidades de la vida</u>.

→ Forma conscientemente una <u>voluntad fuerte</u>.

→ Forma tu <u>autocontrol</u> en la complejidad del mundo interior y exterior.

➜ Elabora completamente tu <u>vida inconsciente</u>.

➜ Fíjate en una <u>percepción</u> diferenciada de todas las realidades.

➜ Opera con <u>pensamiento abierto y constructivo</u> utilizando palabras claras.

➜ Sé abierto por aprender, <u>cambia y expande gradualmente.</u>

➜ Satisface tus <u>necesidades interiores reales</u> de una manera equilibrada.

➜ Equilibra tu <u>vida emocional</u> múltiple.

➜ Desarrolla tu capacidad de <u>amar</u> capaz por el futuro y de carácter práctico.

➜ Forma una <u>psicodinámica</u> flexible y vital.

➜ Promueve tu desarrollo con el <u>espíritu interior</u> (sueños).

➜ Actúa conscientemente en la relación del <u>organismo psíquico completo</u>.

➜ Desarróllate <u>con el amor y el espíritu interior.</u>

➜ Vive y conviértete en una imagen viva del arquetipo del <u>cumplimiento.</u>

O haces esfuerzos para vivir objetos de vida realistas, o acabarás en un completo caos de influencias malignas y aberraciones oscuras. ¡No hay paraíso para las personas sin objetivos realistas de la vida!

¡Tú decides!

6.   Conviértete en un ser humano

👍 *El sentido de vida más decisivo es convertirse en un ser humano evolutivo.*

👍 *El ser humano está determinado por la vida psíquica-espiritual interior, fundada en los arquetipos del alma.*

👍 *La característica esencial del "ser humano evolutivo" incluye la vida interior y exterior.*

Orientaciones prácticas:

- Acepta toda la vida psíquica y forma conscientemente todas las fuerzas psíquicas.
- Libérate de las cargas interiores de tu biografía.
- Libérate de tus proyecciones inconscientes.
- Elabora constructivamente las imágenes de tu inconsciente y promueve continuamente la vida.
- Encuentra regularmente orientación interior por la interpretación de sueño, la meditación y la contemplación.
- Integra y elabora todas las "cosas" desagradables, débiles y diferentes en la vida.
- Las relaciones y las interacciones sociales deben respetar el desarrollo psíquico-espiritual.
- La política y la economía deben servir al desarrollo psicológico-espiritual de la humanidad.

- Trata la naturaleza, la vida silvestre y el medio ambiente con el amor y con el respeto al espíritu interior.
- Promueve el desarrollo diferenciado y utiliza la fuerza del amor y del espíritu interior.
- Desarrolla flexibilidad y libertad interior sobre los bienes materiales y los valores externos.
- Esfuérzate para los logros psíquicos-espirituales, caracterizados por el amor y el espíritu como los valores superiores.

→ Tienes que estar abierto a adquirir y aprender conocimientos.

→ Tienes que reconocer tu vida interior y exterior conscientemente.

→ Tienes que ser equilibrado por todos lados en tu vida interior y exterior.

→ Tienes que arreglarte y controlarte tu vida de manera efectiva.

O te diviertes tu ser humano o vives como una biomasa humana explotada, amada por líderes obsesionados, por megacorporaciones e instituciones.

¡No hay paraíso sin ser humano!

¡Tú decides!

7. Forma tus ideales, valores, normas y reglas

👍 *Los ideales, valores, normas y reglas deben basarse en los valores humanos.*

👍 *Los ideales, valores, normas y reglas deben ser equilibrados para toda la humanidad.*

👍 *Los ideales, valores, normas y reglas deben incluir el medio ambiente y la naturaleza.*

👍 *Los ideales, valores, normas y reglas deben promover la evolución espiritual.*

👍 *Los ideales, valores, normas y reglas deben promover la individuación para todos.*

👍 *Los ideales, valores, normas y reglas deben basarse en los arquetipos del alma.*

Cualidades que expresan valores positivos:

Humanista, espiritual, arquetípico, ideal, auténtico, verdadero, pacífico, prometedor, justo, fuerte, eficiente, equilibrado, saludable, flexible, realista, práctico, útil, contactable, etc.

➜ A partir de hoy, todas las personas practican el autoconocimiento y la autoeducación.

➜ A partir de hoy, todas las personas aprenden sobre el amor, la relación, el matrimonio y la vida familiar.

➜ A partir de hoy, todas las personas aprenden a interpretar sus sueños y a vivir con el espíritu interior.

➜ A partir de hoy, todas las personas practican "vivir en el proceso de la individuación".

➜ A partir de hoy, todas las personas aprenden a educar a los niños con respeto por su vida interior.

➜ Todos los seres humanos respetan y se esfuerzan por el cumplimiento de los arquetipos del alma.

 *O te vuelves tu ser humano o vives como una biomasa humana explotada, amada por líderes obsesionados, por megacorporaciones e instituciones.*

¡No hay paraíso sin ser humano!
¡Tú decides!

8.   Logra un éxito equilibrado

👍 *¡Ser profesionalmente exitoso y al mismo tiempo vivir con amor y espíritu interior, eso es éxito!*

👍 *¡Lograr una posición de liderazgo fuerte respetando a la humanidad, eso es éxito!*

👍 *¡Gobernar el mundo con el espíritu interior y promover la individuación en todo el mundo, eso es éxito!*

👍 *¡Vivir la verdad conjuntamente con los arquetipos del alma, eso es el éxito!*

👍 *¡Ser un líder espiritual que ha realizado los arquetipos del alma, eso es éxito!*

👍 *¡Vivir con una filosofía de vida múltiple equilibrada y los arquetipos del alma, eso es un éxito!*

Encuentra el éxito contigo mismo:

<u>Tu ser</u>: Estado emocional positivo, salud, bienestar, alegría de vivir, felicidad, paz, confianza, armonía interior, equilibrio energético, satisfacción, protección, autenticidad, autonomía, autorrealización, realización de talentos e intereses, y cumplimiento completo.

<u>Tu vida</u>: Trabajo, estudio, aprendizaje, conocimiento, carrera, negocio, relación, matrimonio, vida familiar, vida social, educación de tus hijos, vacaciones, ocio, resolver problemas, actividades creativas, cultura de vida personal, etc.

➜ ¡Sí, puedes lograr el éxito completo con ti mismo y con tu vida!

Fórmate en las funciones psíquicas-espirituales: Percepción, interpretación, aprendizaje, voluntad, autoidentidad, fuerza del "yo", mecanismos de defensa, proyecciones, inteligencia, pensamiento, amor, necesidades reales interiores, el inconsciente, el carácter moral, etc.

O te pretendes un éxito equilibrado o vives con polución, contaminación (suelo, aire, agua, mar y alimentos), destrucción ambiental, crimen, violencia, fraude, mentiras, falsedad, cambio climático, crisis financiera, explotación exorbitante, guerras, militarización, fascismo, etc.

¡No es una buena vida sin éxito!

Encuentra un equilibrio u olvida el paraíso.

¡Tú decides!

9.   Encuentra tu nuevo modo de vivir personal

👍 *Un modo de vivir personal siempre está relacionado con las consecuencias.*

👍 *Cosecharás de la forma y manera en que vives.*

👍 *La forma y manera de vivir hoy programa tu futuro.*

👍 *Las consecuencias de tu modo de vivir se manifiestan a miles de kilómetros de distancia.*

👍 *Las generaciones futuras heredarán todas las consecuencias de tu modo de vivir hoy.*

Algunas orientaciones para equilibrar tu estilo de vida:

➜ Fuma un 20% menos y bebe un 20% menos de alcohol.

➜ Reduce la gasolina y la electricidad en un 20%.

➜ Reduce el consumo de carne y pescado en un 20%.

➜ Consume un 20% menos de agua (ducha, lavado, etc.).

➜ Reduce los costos de calefacción y aire acondicionado en un 20%.

➜ No compra bienes de consumo con crédito.

➜ Recoge efectivo de tu banco o utiliza el cajero automático de tu banco.

➜ Come un 20% menos de aperitivos, bebe un 20% menos de cerveza delante de la televisión.

➜ Hace las compras en el mercado local y en las tiendas (pequeñas).

➜ Reduce tu dinero mensual de bolsillo en un 20%.

➜ Compra un 20% menos de periódicos y revistas.

➜ Gasta un 20% menos de dinero: Un 20% menos cosas / un 20% menos cosas más baratas.

➜ Perfumes / artículos de aseo: Utiliza un 20% menos o compra un 20% más barato.

➜ Utiliza los agentes de limpieza con moderación y ahorrarás fácilmente un 20%.

➜ Utiliza medicamentos cuando sea apropiado y ahorra un 20%.

➜ Va a una peluquería, salón de belleza o gimnasio con precios un 20% más baratos.

➜ Apaga la TV, el PC, la radio, etc. si no los utilizas.

➜ Ve un 20% menos de TV cada día.

➜ Utiliza tu teléfono móvil 20% menos y / o reduce la conversación en un 20%.

➜ Utiliza tu PC (Internet, Chat) 20% menos.

➜ Compra cada semana un regalo pequeño para tu pareja y tus niños.

➜ Lee cada mes un libro sobre las personas (el ser humano), la vida y la tierra.

O encuentras y vives tu nuevo estilo de vida personal, o desperdicias mucho dinero que necesitarás en el futuro. ¡No es una buena vida con materialismo ciego y pobreza y miseria posterior!

No hay paraíso para las ovejas ciegas y los consumidores lavados de cerebro.

¡Tú decides!

10. Contribuye a una humanidad y tierra mejor

👍 *Tú quieres un buen futuro para ti mismo.*

👍 *Tú quieres un buen futuro para tus hijos.*

👍 *Tú quieres un buen futuro para las generaciones futuras.*

👍 *Tú quieres un buen futuro para la humanidad y la tierra.*

➡ ¡Debes ser responsable de tu futuro, del futuro de tus hijos y de los jóvenes de hoy, y del futuro de la humanidad y del planeta!

Con tu comportamiento de consumo puedes contribuir mucho:

- Coma alimentos sanos en lugar de suplementos de vitaminas y minerales.
- Compra productos de calidad que se mantienen mucho tiempo.
- Compra productos orgánicos; tiene generalmente en cuenta de decoraciones naturales.
- Infórmate en las instituciones de consejerías de consumo.
- Compra productos agrícolas de tu zona (del mercado local).
- Antes de procrear un bebé, aprende sobre el dinero, los presupuestos y la educación.
- Antes de casarte, participa en seminarios (cursos) de relación.
- Compra una vivienda con una hipoteca máxima del 50% y una tasa de interés fija a largo plazo.

- Compra una propiedad de vacaciones sólo con dinero en efectivo; nunca con una hipoteca.

- Compra tu coche con un máximo del 35% (50%) crédito, por máximo de 3 años.

- Invierte tu dinero en inversiones 100% seguras; no especula.

- Invierte periódicamente en la educación continua para la vida y la profesión.

- Invierte dinero en libros y DVDs con potencial de aprendizaje alta.

- Apoya tiendas locales, comprando tus productos aquí.

- Vuelve a los viejos tiempos y siempre paga tus compras en efectivo.

- Utiliza para vacaciones regularmente oportunidades en tu propio país.

- Nunca firma un contrato que no hayas leído atentamente y hayas dormido sobre ello.

- Nunca acepta condiciones que no puedes aceptar completamente.

- No vive la vida de las personas que ves en la televisión; vive tu vida propia.

- Come con tiempo y estilo; y celebra la comida con los demás.

¡O contribuyes a una mejor humanidad y tierra, o tendrás que pagar una fortuna por los daños personales y colectivos en el futuro!

Vivir y consumir inconscientemente es una vida sin alma; la puerta al paraíso no se abrirá con esto.

¡Tú decides!

11.   Hace siempre preguntas

👍 *La pregunta más crítica es: ¿Quién soy yo?*

👍 *La pregunta más útil es: ¿Cuáles son los motivos de mi comportamiento?*

👍 *La pregunta más delicada es: ¿Quién dice la verdad?*

👍 *Otra pregunta indispensable es: ¿Qué hay detrás de las fachadas, palabras y acciones de las personas?*

👍 *Y la pregunta más importante es: ¿Cuál es el sentido de vivir en esta tierra?*

No hacer tales preguntas significa: Ser ignorante, irrespetuoso, irresponsable, indiferente, estúpido y perezoso. El comportamiento de tales personas es ineficiente y consistentemente destructivo hacia la humanidad y la tierra.

Las orientaciones indispensables:

➡ Adquiérete tan conocimiento como puedes para encontrar posibles respuestas.

➡ Tus sueños te dicen la verdad, el espíritu interior sabe todo.

➡ Sé determinado en la investigación, honesto y crítico contigo mismo.

➡ Todas las respuestas comienzan con la realidad de tu organismo psíquico-espiritual.

➡ Tu desarrollo psíquico-espiritual conduce a las respuestas correctas.

→ Sigue a los arquetipos del alma por encontrar el camino correcto.

→ Con meditaciones correctamente guiadas, descubrirás mundos y significados interiores.

→ Controla críticamente tu manera de percibir, pensar y juzgar.

→ Mira siempre detrás de las escenas, juegos, fachadas y máscaras.

→ Identifica siempre los efectos que significan algo para la vida y las personas.

→ Multiplica un hecho, efecto o comportamiento por miles de millones y verás el valor.

→ Cierra los ojos y puedes reconocer las realidades y la verdad.

→ Como resultado del comportamiento, ves las cualidades y motivos.

→ Reconoce tu vida interior completa y compara con las respuestas.

→ Siempre aclara si lo que otros dicen y enseñan es comprensible.

¡O tienes preguntas tan importantes y tratas de encontrar las respuestas correctas, o te quedas lavado el cerebro y manipulado!

No hay paraíso para aquellos que son demasiado perezosos para buscar respuestas reales.

¡Tú decides!

12. Comprende tu comportamiento y tu manera de actuar

👍 *Puedes actuar con eficacia y así lograr el resultado correcto.*

👍 *Actuar puede ser bueno, útil, constructivo, favorable, liberador y satisfactorio.*

👍 *Actuar puede ser inútil, peligroso, mal, malo, vergonzoso y dañoso.*

👍 *Cada acción también ilustra el valor o la calidad en relación al resultado.*

👍 *Reflexionar una vida sin el comportamiento y la acción es una vida pobre.*

👍 *Actuar, impulsado ciegamente por la emoción, la codicia o el impulso, destruye la vida y el planeta.*

Refleja a fondo tu comportamiento y tus acciones con referencia a las perspectivas adecuadas:

➡ Actuar es orientado al futuro, orientado a objetos, orientado a propósitos, potencialmente consciente.

➡ Las acciones incluyen: Proceso, un nivel de complejidad y una situación.

➡ El proceso: Fase de inicio, transcurso y acción final.

➡ Las fases de la acción incluyen: Aspectos emocionales, estructurales y energéticos.

➡ Actuar a menudo va de la mano con el uso de medidas.

➡ Se puede identificar los efectos de las acciones (deseadas o no).

➜ Las acciones pueden ser calificadas (evaluadas) y el actor puede ser considerado responsable.

➜ Los elementos de la situación de acción pueden tener un impacto psicológico en la acción.

➜ Lograr un objeto deseado o el fracaso crea una conciencia de sí mismo.

➜ La cultura es la objetivación de las acciones.

¡O reflexionas y comprendes tu comportamiento y tus acciones, o nunca encontrarás satisfacción, éxito y cumplimiento! No ser responsable de los motivos y el resultado del comportamiento es una manera miserable de vivir.

No hay paraíso para la gente irresponsable.

¡Tú decides!

13. Vive de una manera evolutiva

☝ *Si una sociedad es creada de seres humanos evolutivos, entonces se lo ve en la sociedad y en el medio ambiente.*

☝ *¡Vive el camino del autoconocimiento y de tu cumplimiento de tú mismo!*

Las características esenciales:

- Acepta la vida psíquica y forma conscientemente todas las fuerzas.
- Libérate de las cargas internas de tu biografía.
- Libérate de proyecciones y mecanismos de defensa rígidos.
- Elabora y trasforma constructivamente las imágenes en tu inconsciente.
- Encuentra la orientación interior por interpretación de sueños y meditación.
- Integra y elabora todas los "casos" desagradables en la vida.
- Crea relaciones, formas de vida procedente de (con) la individuación.
- Trata la naturaleza y el medio ambiente con amor y espíritu.
- Desarrolla y utiliza la fuerza de amor con razón.
- Sé flexible con la libertad interior enfrente a los bienes materiales.
- Da la estimación superior a los logros psíquico-espirituales.

Vive con amor y espíritu y sé determinado y firme en esto:

→ Rechaza: Egocentrismo, narcisismo, autosatisfacción y arrogancia.

→ Rechaza: Vacío, perversión, psicopatía, odio, codicia, banalidad, desequilibrio.

→ Rechaza: Obstinación, ingenuidad, ignorancia, terquedad y obcecación.

→ Rechaza: Modos de vivir impulsados por la pulsión, presión de codificaciones del inconsciente.

→ Rechaza: Vivir sin amor y espíritu, ignorar las necesidades interiores auténticas.

→ Rechaza: Falsedad, juegos, intrigas, mentiras, mentiras de sí mismo y mentiras de la vida.

→ Rechaza: El mercado dogmático y espiritual con más de 10.000 aberraciones.

O vives evolutivamente, o perecerás con miles de millones de personas que viven fuera de la evolución psíquica-espiritual. No hay que olvidar que la ausencia de espiritualidad siempre conduce a la guerra y al fascismo, y destruirá la humanidad y el planeta en el futuro.

No hay paraíso para las personas que viven una comprensión arcaica del ser humano.

¡Tú decides!

14. Vive la solidaridad por la individuación

👍 *¡Una individuación global que sigue el camino de los procesos arquetípicos del alma es la increíble solución para la humanidad y la tierra!*

👍 *La individuación incluye la comprensión espiritual del ser humano y el sentido de vida para las religiones y la política.*

👍 *La individuación es el camino psíquico-espiritual indispensable para todos los titulares en todas las religiones y en todos los conceptos de la espiritualidad.*

👍 *¡La individuación es el camino colectivo de la salvación! Este es un concepto que se puede vivir en todas las formas de expresión culturales.*

La individuación es la comprensión última del ser humano y de la vida humana. La individuación es el nuevo ser humano para el tercer milenio:

→ Es una pena no practicar a fondo el autoconocimiento.

→ Es una pena no vivir con el amor y el espíritu interior.

→ Es una pena no considerar la formación de la vida interna.

→ Es una pena ignorar los arquetipos del alma.

→ Es una pena ser religioso sin los arquetipos del alma.

→ Es una pena ser un político sin el espíritu interior.

→ Es una pena casarse sin individuación práctica.

→ Es una pena abusar el arquetipo del matrimonio.

→ Es una pena procrear un niño sin considerar su alma.

→ Es una pena consumir sin alma y vivir el materialismo puro.

➜ Es una pena empujar despiadadamente a miles de millones de personas en la pobreza.

➜ Es una pena querer establecer un "orden de un solo mundo".

➜ Es una pena explotar los recursos sin límites.

➜ Es una pena gobernar el mundo con locura y psicosis religiosa.

 *¡O vives la individuación y creces hacia el objeto arquetípico del cumplimiento completo, o fracasarás por completo con tu vida en la tierra! No respetar el desarrollo psíquico-espiritual y no hacer lo mejor posible es una desgracia y un desperdicio vergonzoso del tiempo de vida.*

¡No hay paraíso para la gente que vive tan infama!

¡Tú decides!

15. Practica el autoconocimiento holístico

👍 *Para organizarte de manera constructiva y eficiente, necesitas conocerte muy bien.*

👍 *No puedes ignorar qué y cómo estás con tu psique y al mismo tiempo esperar que sepas qué y cómo son los demás.*

👍 *Cuanto mejor te conozcas a tú mismo, más verdadero, fiable y seguro eres.*

👍 *Cuanto más te desarrolles psíquicamente y espiritualmente, mejor te conoces a tú mismo.*

👍 *El autoconocimiento es un camino consciente de vivir.*

El autoconocimiento explora todas las actividades psíquicas-espirituales:

- Debes pensar a fondo, en redes y con conocimiento.
- Debes saber cuándo y porqué tienes ciertos sentimientos.
- Debes ser capaz de entender tus sentimientos y manejarlos.
- Debes satisfacer tus necesidades interiores con amor, espíritu e inteligencia.
- Debes conocer el potencial múltiple de tu capacidad de amar.
- Debes saber cómo centrar y fortalecer tu energía.
- Debes saber quién y qué eres en tu ser interior.
- Debes ser el capitán de tu ser completa y de tu vida.
- Debes conocer tus ideales, actitudes, creencias, valores y normas.

- Debes tener una voluntad fuerte, objetos y deseos claramente establecidos.
- Debes controlar tus mecanismos de defensa con flexibilidad.
- Debes controlar lo que asimilas del mundo exterior.
- Debes percibir diferenciadamente, clarividentemente y interconectadamente.
- Debes interpretar tus sueños correctamente y aprovecharlos.
- Debes usar la meditación y la imaginación como fuente abierta.
- Debes conocer el contenido de tu inconsciente.
- Debes tener mucha información y conocimiento sobre la vida.
- Debes usar el conocimiento constructivamente.
- Debes formar tus calidades para vivir y el dominio de la vida.

¡O practicas el autoconocimiento holístico o te tratarán como un animal humano!

¡No hay paraíso para las personas ciegas que ignoran el autoconocimiento y, por lo tanto, son incapaces de manejarse a sí mismos!

¡Tú decides!

16.   Vive con los arquetipos del alma

☝ *Con los arquetipos del alma, tienes la garantía absoluta de ir por el camino correcto y lograr tu cumplimiento auténtico y completo.*

☝ *Los arquetipos del alma son los modelos indispensables (patrones, pasos) en el proceso de crecimiento psíquico-espiritual ("individuación").*

Los arquetipos del alma para el desarrollo psíquico-espiritual:

➡ Aceptar toda la vida interior y volverse hacia esa

➡ Descubrir y formar todas las fuerzas internas

➡ Formar conscientemente el ser interior

➡ Aceptar el espíritu interior como directivo

➡ Realizar "morir y convertirse en nuevo"

➡ La unión con el polo interior del sexo contrario (psíquico)

➡ Integración de los principios del espíritu

➡ Equilibrio entre la vida exterior e interior

➡ Cumplimiento de la completitud y totalidad

➡ Encuentra felicidad verdadera y el cumplimiento y recibes el paraíso.

- Debes conocer el contenido y la dinámica de tu inconsciente.

- Debes elaborar el contenido difícil y oneroso del inconsciente.

- Debes volverte nuevo de fondo.

- Debes equilibrar los opuestos, los desequilibrios y las sombras.

- Debes liberarte de complejos y conflictos inconscientes.

- Debes crear un equilibrio con la polaridad al otro sexo.

- Debes crecer en una unidad y totalidad múltiplemente equilibrada.

- Debes vivir con amor, espíritu, mente, inteligencia, sabiduría y habilidades.

- Debes elaborar los procesos arquetípicos de la individuación.

- Debes entender la individuación como un modo de vivir y una manera de crecer.

¡O vives con los arquetipos del alma, o vives en la tierra como en el infierno arcaico!
¡No hay paraíso para los ciegos que ignoran los arquetipos del alma!
¡Tú decides!

17.   Vive con todos tus potenciales interiores

¡Todas las personas deben vivir con inteligencia, amor, sabiduría, conocimiento, habilidades y métodos, y con el espíritu interior!

- Debes entender el amor como una fuerza la vida esencial y fuerte.

- Profesores y maestros deben querer sabiduría, estudiantes deben querer sabiduría.

- Cada persona debes tomar en serio el autoconocimiento.

- Toda la gente debe vivir con la verdad, con amor y con espíritu interior.

- Toda la gente reconoce y dice: "Los sentimientos son muy importantes".

- Mujeres y hombres respetan de tener necesidades internas reales.

- Toda la gente en la tierra quiere vivir una vida un 50% más sano.

- Los propietarios de automóviles conducen un 50% menos.

- Todos los hogares y empresas consumen un 50% menos de electricidad.

- Cada adulto hace una hora de autoconocimiento todos los días.

- Cada maestro y profesor elabora completamente su biografía.

- Cada persona debe reducir inmediatamente sus residuos en un 50%.

- Todos los políticos alrededor el mundo no mienten y no trocen más.

- Todos hombres de estado y ministros se convierten en "personas individuadas".

- Todos los adultos reflejan y viven su tiempo libre con mente y alma.

- Nadie es más un fan de los rendimientos máximos deportivos, pero hace deporte.
- Después del colegio todos quieren aprender en adelante por la vida y el trabajo.
- Todos los adultos deben leer 12 libros sobre la vida psíquica cada año.
- Todos los periódicos informan sus lectores diariamente sobre los sueños.
- Todo el mundo debe practicar el autoconocimiento antes de casarse.
- Está prohibido tener hijos sin autoeducación fundamental.
- Sólo aquellas personas que viven con el espíritu interior se convierten en gerentes y superiores.
- Todos los adultos practican meditación, diariamente al menos 2 x 10 minutos.
- Todo el mundo escribe a su puerta principal, lo que le hace feliz.

→ ¡Desarrolla nuevas visiones para tú mismo y para la humanidad en el futuro!

→ ¡Ahora comienza una comprensión completamente nueva de la vida humana!

→ ¡Sólo puedes ganar si la mayoría de la gente en la tierra quiere ganar!

¡O creas una red positiva de cultura de vida, o no mereces estar en la tierra!

¡No hay paraíso para las personas que ignoran una nueva comprensión de nuevas formas de vida!

¡Tú decides!

18. Tiene éxito con autogestión

👍 *¡Todo el mundo tiene que vivir con la autogestión eficiente!*

👍 *¡Incluso los niños pueden y deben aprender autogestión!*

➜ Necesitas tiempo para ti. Nadie tiene que estar disponible en todo momento.

➜ Decir "no" sin frustrar a la otra persona es un arte. También tienes que ser capaz de decir "sí".

➜ Distinguir problemas da una orientación clara. Las estrategias de resolver problemas facilitan la vida.

➜ Piensa y actúa con un objeto en mente: Planifica y actúa en la vida diaria en la perspectiva de los objetos personales a largo plazo.

➜ Pretende tus objetos establecidos con un horario y métodos de trabajo. A veces ayuda leer un libro.

➜ Divide los grandes objetos de la vida en pequeñas etapas constructivas. Cada fase de vida tiene sus propios objetos. ¡Asegúrate de no perder vivir en el presente!

➜ ¡El prestigio, el dinero y el éxito no son los objetivos superiores de la vida! Reflexiona sobre tu consumo y comportamiento compensatorio.

→ Concéntrete en el consumo de tu energía. No dispersa tus fuerzas por el caos y la falta de planificación. Recarga tu energía repetidamente de nuevo.

→ Averigua las prioridades que conducen a los objetos establecidos. La vida verdadera es en sí misma el objeto esencial de la vida. El trabajo también es vida.

→ No todo es igual de importancia y urgencia. Importancia significa: Objeto y éxito. Urgencia significa: Hora y fechas fijas.

→ Atiende el trabajo diario, así como los objetos a largo plazo. ¿Dónde quieres estar en 1-3 años, en 5-10 años?

→ Controla tu uso de tiempo regularmente. Haz un plan del día por semana y también calcula el tiempo necesario para ello.

→ Controla los factores de tensión; si no te controlan. Hay cien factores de estrés en la vida diaria.

¡O aprendes y practicas la autogestión eficiente, o tu vida terminará en caos!

¡No hay paraíso para las personas sin una autogestión eficiente!

¡Tú decides!

19.   Organiza tu tiempo de manera efectiva

👍 *No desperdicia 20-25 años de tu vida en actividades inútiles.*

👍 *Un control de tiempo constructivo da calidad a tu vida.*

Algunas orientaciones para la gestión de tiempo:

➔ Reconoce los derrochadores de tiempo

➔ Planifica el día por la mañana

➔ Compruebe tus objetos diarios

➔ Comunica con claridad y despiertamente

➔ Organiza expedientes y documentos

➔ Prepara llamadas telefónicas

➔ Determina objetos diarios pequeñas

➔ Empieza a actuar lentamente

➔ Haz listas de control

➔ Di "no", si es adecuado

➔ Reconoce urgencias

➔ Reconoce la importancia

➔ No tarda siempre

➔ Haz una lista de compras

➔ Refleja tu movilidad

➔ Concéntrate cuando hables

➔ Haz descansos

➔ Resuma el curso de los sucesos

➜ Respeta tu biorritmo

➜ Estructura tus preparativos

➜ Explora antes de hacer un plan

➜ Planifica antes de actuar

➜ Analiza tu uso diario de tiempo

¡No es permitido sentarte frente al televisor durante 20-25 años, esperar en atascos de tráfico, no hacer nada, actuar de manera ineficiente, hablar tonterías, perforar la nariz y burlarse de la vida!

 *¡O aprendes una gestión de tiempo eficiente o pierdes entre el 20 y el 25% de tu vida!*

¡No hay paraíso para la gente que pierde mucho tiempo de vida!

¡Tú decides!

20. Practica técnicas de vida eficientes

☝ *La eficiencia es el resultado equilibrado del uso de técnicas de vida.*

☝ *Las técnicas de vida son más que "técnicas"; también son una expresión de la personalidad formada.*

Implementa las reglas básicas de las técnicas de vida:

➔ Sigue los principios de los pasos pequeños.

➔ Elabora la información de una manera significativa.

➔ Dosifica de la cantidad y la intensidad.

➔ Practica conscientemente la autogestión.

➔ Piensa positivamente con inteligencia.

➔ Acepta la diligencia y el esfuerzo por el éxito.

➔ Controla tu percepción.

➔ Piensa en redes múltiples.

➔ Estima el valor en el contexto extendido.

➔ Vive tu ser humano verdadero.

Practica técnicas de vida:

- Concéntrate en el resultado de tus acciones.

- Invierte tiempo y trabajo para tus deseos de vida.

- Explora tu manera de pensar y juzgar.

- Determina los objetos y sé responsable de tu éxito.

- Aborda los problemas objetivamente y con inteligencia.

- Distingue entre importancia y urgencia.

- Calcula el tiempo necesario para un asunto en particular.

- Para asuntos inesperados siempre deja tiempo abierto en tu horario.

- Utiliza tu tiempo de la manera más eficiente.

- Construye una confianza en tú mismo fuerte y sana.

- Da gran importancia a tus necesidades reales.

- Sé responsable de tus estados de ánimo y tus sentimientos.

- Construye fuerza y considera tus debilidades.

- Actúa y trata nuevas circunstancias con coraje.

- Elabora sin descuidar los asuntos y obligaciones pendientes.

¡O aprendes y practicas técnicas de vida, o tu vida terminará en fracaso con sufrimiento y un montón de problemas!

¡No hay paraíso para las personas que ignoran las técnicas de vida!

¡Tú decides!

21. Construye felicidad

☝ Debes hacer mucho contigo mismo y con tu vida para devenir feliz.

- <u>Debes vivir tu ser verdadero, tus potenciales y talentos.</u>
  Descubre cuál es tu verdadero ser interior.

- <u>Debes vivir significados, valores y cualidades humanas.</u>
  Encuentra tus valores y tu significado.

- <u>Debes crecer y desarrollarte en una persona auténtica.</u>
  Explora a tú mismo y a tu vida interior.

- <u>Debes vivir y dar amor, y crear alegría de vida.</u>
  Aprende sobre la fuerza múltiple del amor.

- <u>Debes saber, pensar, concluir y juzgar correctamente.</u>
  Simplemente aprende con libros y artículos.

- <u>Debes vivir una relación constructiva, incluso con el sexo.</u>
  Aprende a hacerlo.

- <u>Debes cuidar tu salud psíquica y física.</u>
  Vive realmente para mantenerte psíquicamente sano.

- <u>Debes actuar eficazmente tus asuntos diarios.</u>
  Aprende técnicas de vida y los métodos correctos.

- <u>Debes tener equilibrio y habilidades en la vida.</u>
  Franqueza y flexibilidad son la clave para el equilibrio.

- <u>Debes formar autonomía y determinación.</u>
  Limpia lo que es lavado el cerebro y no déjate lavar el cerebro.

- <u>Debes experimentar a Dios y la trascendencia en tu interior.</u>
  La única manera de lograrlo es por desarrollo y crecimiento interior.

- <u>Debes guiarte por el espíritu interior.</u>
  Esto es posible con la interpretación de sueño y la meditación.

¡O aprendes como ser y como devenir feliz, o tu vida es empañado por el dolor, la tristeza y el vacío!

¡No hay paraíso para las personas que rechazan la felicidad!

¡Tú decides!

22. Tus intereses de importancia superior

👍 *¡No deja empujarte por curiosidad por intereses vacíos e inútiles que solo lleven a alejarte de ti mismo!*

👍 *No deja guiarte por intereses por "cosas" que realmente no te afectan.*

👍 *¡Enfoca tu afán de intereses por valores humanos, la vida humana y objetos personales significativos!*

👍 *¡Presta siempre la máxima atención a tus intereses reales!*

Tus intereses reales y significativos:

a) <u>Interés en saber:</u> Curiosidad, ganas de entender, tendencia a la devoción, sed de saber, necesidad de integrar, conciencia de la creación, amor por la vida, experiencias, visión general.

b) <u>Interés en actuar:</u> Impulso de crear, de actuar, de formar, de utilizar, de ser, de gestionar, de educar, de realizar planes, de desarrollarse, de vivir conscientemente, de vivir cultura.

c) <u>Interés en ser feliz:</u> Placer, alegría, amor, esperanza, satisfacción, sabiduría, bienestar, realización, autorrealización (también los potenciales).

d) Interés en convertirse en ser humano: Formar personalidad (constituir personalidad) y elaborar la individuación como proceso interior de crecimiento en la dimensión psíquica y espiritual (evolución).

e) Deviene tú mismo:

➜ ¡Deviene auténtico, completamente tú mismo!

➜ ¡Vive lo que eres realmente auténticamente en tú mismo!

➜ ¡Encuentra tu precioso ser que estás en tú mismo!

➜ ¡Moderniza todo lo que hay que revisar!

➜ ¡Vive de tus poderes psíquicos sanos!

➜ ¡Aprovecha tus fuerzas de vida para una vida real!

➜ ¡Construye el cumplimiento real desde el interior!

¡O formas y guías tus intereses hacia actividades significativas, o tú y tu vida son una existencia aburrida, parecida a un mono! ¡No hay paraíso para las personas que ignoran sus propios intereses reales! ¡Tú decides!

23.   Satisface tus necesidades interiores reales

👍 *Eres responsable de satisfacer tus necesidades interiores reales.*

Amor propio: Autoconocimiento, autoexploración, exploración del mundo personal, autoformación, paz y armonía con uno mismo

Amor: Amor verdadero, honestidad, respeto, equidad, cuidado, cercanía física (relación), alegría de vivir, felicidad, esperanza

Relación: Sexo con amor y ternura, compartir la vida con el sexo opuesto, entender el sexo opuesto

Matrimonio: Lealtad, vivir el equilibrio masculino-femenino, compartir existencia, crecer juntos

Familia: (Ser) Buen padre, buena madre, tener una familia propia, ser responsable de la familia y los hijos

Hogar: Hogar cálido, seguridad emocional (protección), seguridad física (protección), cuidar el hogar emocional (bienestar)

Personalidad: Expresión auténtica, autoconfianza auténtica, respeto por sí mismo auténtico, una autoidentidad positiva y auténtica

Desarrollo: Entender el propio ser, crecer (desarrollo psíquico-espiritual), desarrollar y vivir talentos

Espiritualidad: Arraigamiento espiritual, orientación espiritual, experiencias espirituales, cumplimiento de todo anhelo, cumplimiento completa

Formación / educación: Educación (de la familia), educación (escuela), educación (vocacional), educación y formación (personal, vida)

<u>Trabajo:</u> Trabajo (trabajos), ser pagado adecuadamente por el trabajo, hacer algo especial, combinar talentos y habilidades profesionales

<u>Social:</u> Atención social, un entorno social positivo, celebraciones sociales, reglas democráticas, cooperación, paz y justicia

<u>Medio ambiente:</u> Medio ambiente natural sano, ambiente de vida sano, alimentos y agua potable sanos, experimentar la naturaleza

<u>Ocio:</u> Jugar, diversión, entretenimiento, placer, humor, actividades deportivas (físicas), actividades creativas, crear y vivir cultura.

¡O satisfaces tus necesidades interiores reales, o vives como una biomasa humana vacía, superficial y consumidora!

¡No hay paraíso para aquellos que, como biomasa humana, ignoran sus necesidades internas reales!

¡Tú decides!

24. Descubre una comprensión nueva de tu salud

👍 *La salud es una expresión de una cultura de vida.*

👍 *La salud incluye la vida interior y los valores espirituales.*

👍 *La salud es una manera de vivir, es la realización de vida y es una manera de superar la vida.*

Descubre una comprensión nueva de "salud":

➡ La salud es bienestar físico, psíquico y social holístico, no sólo la ausencia de enfermedad.

➡ La salud es una cultura de todos los medios para la vida. La salud es la apropiación (trato) de cuerpo y de medio ambiente por acciones sociales. La salud es un modo de vivir.

➡ Factores de salud también son principios metódicos como "aspirar modicidad", "responder a sentimientos" y "cercanía a la vida".

➡ Ser sí mismo y la autodeterminación son una parte importante del desarrollo de personalidad sano.

➡ La salud es parte del desarrollo del curso de vida individual y, por lo tanto, de un modo de vida consciente.

Los factores más importantes que forman la salud:

- Productividad, creatividad, ser activo, trabajar, pensar
- Contacto objetivo-racional con la realidad
- Capacidad de aprobación, el equilibrio interior, la integración del "yo"
- Capacidad de satisfacer las necesidades interiores reales, incluido la sexualidad
- Estar libre (o limitado) del uso de mecanismos de defensa
- Tolerancia a la frustración, fortalecimiento contra el estrés
- Definición realista de objetos, orientaciones en sentido y valor
- Equilibrio entre habilidades y flexibilidad
- Realización de potenciales y talentos individuales
- Autoimagen realista, autoaceptación, autoestima, confianza en sí mismo
- Naturalidad, espontaneidad, convivencia, originalidad, libre de mentiras
- Franqueza a nuevas experiencias y sentimientos, extendir la "cabeza"
- Aspirar el "bueno", la verdad, la belleza

¡O aprendes una nueva comprensión de salud, o corres el riesgo de sufrimiento innecesario e impredeciblemente!

¡No hay paraíso para las personas que ignoran los asuntos de salud como parte del modo de vivir y del

crecimiento!

¡Tú decides!

25. Forma la fuerza de tu personalidad

👍 *Es sobresaliente ser una personalidad sólida, fuerte y equilibrada en todos los lados.*

👍 *La comprensión y la formación de todas las fuerzas psíquicas con sus interacciones te hacen fuerte interiormente.*

👍 *La clave eterna para una personalidad fuerte está en los arquetipos del alma.*

👍 *Para convertirse en una personalidad tan valiosa, algunos puntos deben ser considerados.*

La esencia de una personalidad fuerte:

→ Debes adquirir conocimientos relevantes e informaciones correctos sobre la vida

→ Debes formar la percepción amplia e interpretarla de manera realista

→ Debes ser capaz de pensar significativamente y en redes

→ Debes combinar autocríticamente la contemplación y el pensamiento

→ Debes controlar los mecanismos de defensa y las proyecciones

→ Debes formar ideales y objetos realistas con valores humanos

→ Debes formar una autoidentidad realista con fuerte confianza en tú mismo

➜ Debes formar fuerza de voluntad con una motivación claramente arraigada

➜ Debes adquirir habilidades para superar la vida, también comunicación

➜ Debes aprender autogestión eficiente y autocontrol sano

➜ Debes respetar las necesidades reales, la vida emocional y la energía de la vida

➜ Debes aprender habilidades para resolver crisis, problemas y conflictos

➜ Debes usar la intuición, la creatividad, la meditación y tus sueños

➜ No debes suprimir ni ignorar el contenido de tu inconsciente

➜ Debes ser responsable por la naturaleza y los recursos

➜ Debes formar a tu sentido de vida y a tu carácter positivo

➜ Debes formar reglas, normas, medidas y actitudes eficientes

➜ Debes crear un equilibrio entre la polaridad masculina y femenina

¡O creas una personalidad fuerte, o serás abusado, explotado, oprimido, ignorado, y no tendrás éxito en tu vida!

¡No hay paraíso para las personas que no quieren formar una personalidad fuerte!

¡Tú decides!

26.   Haz tu percepción efectiva

👍 *Pensar, hablar y comportar comienzan con la percepción.*

👍 *Sólo puedes tener éxito con la percepción correcta.*

👍 *Tu manera de pensar no puede ser mejor que tu percepción.*

👍 *Preste siempre atención a los modelos de interpretación.*

👍 *Aprende a hacer tu percepción eficiente.*

Piensa críticamente en cómo funciona tu percepción:

- Claro, objetivo, preciso, despierto
- Diverso, universal, diferenciado, profundo
- En orden claro, clasificado con precisión
- Flexible, móvil en un campo amplio
- De largo alcance, con una perspectiva de tiempo (pasado, futuro)
- Responsable, atento, intencional
- Con una clara experiencia de valor, libre de prejuicios
- Adquiriendo, integrando, aclarando, revelando

La percepción subjetiva:

➜ La realidad que tienes en la mente es una realidad simplificada, manipulada y subjetiva.

➜ El significado y la calificación que das a la realidad depende de tu biografía.

➜ Seleccionas, concretas, filtras, reduces y manipulas elementos de percepción.

➜ Tu interpretación también refleja el espíritu de la sociedad (zeitgeist, presión).

➜ Interpretas con emociones, opiniones, prejuicios y verosimilitud.

➜ Interpretas con tu ideología, tu dogmatismo, tu moralidad, tus valores y normas.

¡O te haces consciente de cómo percibes e interpretas, o serás víctima de la presión social, de los falsos modelos de mala interpretación y de las ilusiones!

¡No hay paraíso para las personas que no reflejan críticamente su percepción e interpretaciones de la realidad!

¡Tú decides!

27. Considera la calidad y eficiencia de tu manera de pensar

👍 *Piensa sabiamente y cuidadosamente para obtener resultados buenos.*

👍 *Considera el estado de la humanidad y la tierra, y puedes reconocer lo poco que la gente piensa.*

👍 *La mayoría de la gente habla más rápido de lo que puede pensar; el resultado es residuos para el basurero.*

Aprende a pensar eficientemente:

➜ Siempre considera: Pensar es un logro agotador.

➜ Pensar eficientemente requiere un vocabulario rico, un lenguaje capaz.

➜ Estar libre de complejos inconscientes aumenta la objetividad de la manera de pensar.

➜ Combina el pensamiento lógico y el análisis complejo con un enfoque meditativo.

➜ Usa tu intuición, creatividad y asociaciones para obtener resultados útiles.

➜ Estructura tu conocimiento, tus informaciones y pensamientos.

➜ Utiliza las informaciones correctas para obtener resultados efectivos de manera de pensar.

→ Considera tu estado emocional y tus necesidades interiores cuando piensas.

→ Mentalízate tus objetos, valores y juicios cuando piensas.

→ Reconoce interrelaciones, redes y realidades ocultas cuando piensas.

→ Comprende la realidad con modelos de interpretación flexibles y perspectiva variable.

→ Con actitudes de amor y con tus sueños, tu manera de pensar deviene equilibrado.

¿Sabes que la mayoría de la gente no piensa en absoluto, en lo que; y nunca con el conocimiento importante, nunca con las habilidades apropiadas y nunca con la percepción correcta?

 *O aprendes a pensar de manera eficiente y crítica, o el resultado de tu manera de pensar se convierte en una pesadilla para toda la vida: ¡Acción ineficiente y una forma de vida que crea un enorme número de problemas!*

¡No hay paraíso para las personas que no aprenden a pensar de manera eficiente y crítica!

¡Tú decides!

28. Cuida tu aptitud mental regularmente

👍 *La aptitud mental hace tus maneras de pensar y actuar efectivas.*

👍 *La aptitud mental es la condición esencial para una buena edad tercera.*

👍 *La aptitud mental tiene una función crucial para la satisfacción personal y profesional, para el éxito y el cumplimiento.*

👍 *La aptitud mental se puede aprender y usar a diario.*

Algunos estímulos importantes:

- Anota lo que dijiste por teléfono y lo que dijo la otra persona.
- Haz una previsión para el día con imaginación y pensamiento.
- Repasa el día por la noche y contempla las experiencias interiormente.
- Elabora a fondo situaciones difíciles y anota los elementos claves.
- Escribe un diario de experiencias, otras personas y temas.
- Anota tus sueños, elabóralos, dibuja y juega mentalmente con las escenas.
- Comunica sentimientos; muéstralos físicamente y con acciones constructivas.
- Actúa y planifica abiertamente: Visitas, festivales, regalos, rituales, reuniones.

La aptitud mental se realiza dedicándose con la vida:

→ Procesa cuidadosamente los conflictos y llévalos a soluciones.

→ Formula exactamente tus valores; renovales si es necesario.

→ Mira detrás de las máscaras y fachadas; encontra una visión clara por la profundidad.

→ Ve la vida en una red compleja; no simplifica las cosas.

→ Aprende una y otra vez de nuevo por lectura sistemática y orientada a objetivos.

→ Maneja conscientemente tu vida y tu tiempo de vida.

 *¡O entrenas la aptitud mental regularmente, o te conviertes mentalmente en una "persona vieja y aburrida" con un carácter muy terco! ¡No hay paraíso para la gente obstinada y mentalmente contundente!*
¡Tú decides!

29.   Usa tu inteligencia todos los días

👍 *Usa el potencial de tu inteligencia.*

👍 *Usar la inteligencia permite el éxito.*

👍 *Pensar también expresa la calidad de tu inteligencia.*

Aprende primero los conceptos básicos:

➜ Mira detrás de las máscaras y fachadas de la gente.

➜ Aprende a leer textos serios.

➜ Exprésate claramente.

➜ Desmonta cosas complejas en partes.

➜ Controla conscientemente lo que percibes.

➜ Analiza un problema minuciosamente.

➜ Forma una buena habilidad para recordar.

➜ Nunca mezcla pensar con dogmatismo y fundamentalismo.

➜ Refleja tus valores y normas.

➜ Compruebe tus contenidos de fe cuidadosamente.

➜ Piensa antes de juzgar.

➜ Justifica tus exigencias.

➜ Sé flexible asimilando algo nuevo.

➜ Piensa en redes complejas.

➜ También percibe la perspectiva del tiempo.

➜ Refleja tus actitudes a fondo.

¡Tienes tu inteligencia! ¡Ya sea alto o bajo el coeficiente intelectual, solo usa lo que tienes en tu cerebro! Tu nivel de coeficiente intelectual no es el problema.

Tú eres el problema: No sé perezoso, estúpido, arrogante, de boca grande, cegado por la psicosis religiosa o impulsado por la adicción a las compras y el narcisismo arrogante.

Si la estupidez apestaría como la cloaca, la mayoría de la gente contaminaría su entorno con esa, envenenaría el aire y la tierra, y por lo tanto perdería a todos los amigos.

 *¡O usas tu inteligencia, o eres parte de la estúpida criatura, un ser sin futuro en esta tierra! ¡No pensar a fondo destruye a la humanidad y a la tierra!*
¡No hay paraíso para gente contundente, buena y arrogante!
¡Tú decides!

30. Aprende a leer eficientemente

👍 *Cada semana deberías leer sobre asuntos importantes de la vida.*

👍 *Lee y aprende eficazmente para tu vida.*

Aprender como leer:

➜ En primer lugar, es necesario tener una idea general sobre el contenido de un libro, sobre aquellas partes que te interesan. No empieza a leer palabra por palabra.

➜ Busca el material de texto que se adapte a tus objetos e intereses. Lee el índice, el prefacio, la introducción ampliada tanto existente. Después lee el parte primero y último del capítulo primero y ultimo.

➜ Mira a los gráficos y tablas numéricas, si hay. Con esos has comprendido alrededor del 20-30% de la parte relevante para ti.

➜ En el próximo paso encuentra los detalles relevantes del tema que te interesan. No tienes que leer el libro completo para obtener esta orientación.

➜ Identifica las palabras claves que tocan tu tema o tus preguntas. El paso principal: Algunas piezas requieren una comprensión muy precisa.

➜ Las piezas que has seleccionado ahora consumen mucho tiempo. Subraya, resalta en color y usa los márgenes por tus comentarios y preguntas.

➜ Revisa los textos otra vez, resuma el contenido importante, utiliza favorablemente tarjetas de registro para términos, palabras claves y citas pequeñas. Tienes que entender todos los términos cruciales, hechos, tesis y teorías.

➜ Además, es necesario entender el proceso de razonamiento y pensamiento, así como las redes de conocimiento y de teorías. Lee siempre críticamente, hace preguntas, compara hechos y más allá contempla de las consecuencias hechas.

Es una pena increíble que cada mes gastas dinero en teléfono móvil, vida nocturna, salida nocturna, gasolina, tu auto, préstamos, etc. ¡Pero ni siquiera quieres gastar un poco de dinero en un buen libro que te da muchos estímulos para tu desarrollo personal y el dominio de tu vida!

 *¡O lees libros y artículos, o eres sólo una carga para la humanidad! ¡No leer periódicamente libros, no informarse sobre las personas y la vida, destruya la humanidad y la tierra! Una vida así es una mierda que sólo contamina la tierra.*

¡No hay paraíso para gente tan estúpida!

¡Tú decides!

31. Nunca cesa de aprender

 Presta atención a todo lo que apoya el aprendizaje.

 Aprende con un cuadro preparado.

 El aprendizaje es parte de la vida. ¡Tienes que aprender toda tu vida!

→ Aprende libre de la presión externa, encuentra estímulos para aprender, motívate a aprender, activa el deseo de exploración y curiosidad, coge interés y desarrolla sentimientos positivos por el saber.

→ Acepta el esfuerzo y la disciplina, sé responsable por los procesos de aprendizaje, fortalece la confianza en tu capacidad de aprender, aceptar tu déficit de aprendizaje; adapta nuevas situaciones de aprendizaje y frustraciones.

→ Maneja tu aprendizaje: responde de aprender, organiza tu aprendizaje, planea tratar con descansos, controla tu energía y motivación, y reconoce la importancia del conocimiento y del aprendizaje.

→ Aprende a soportar antagonismos y contradicciones, acepta el sufrimiento al tratar de entender los pensamientos, sé persistente en el pensamiento abstracto para los cambios de actitudes.

Disposiciones de aprendizaje ventajosas:

- Opiniones y actitudes para aprender, estar dispuesto a aprender.

- Capacidad de organizar el aprendizaje y manejar la situación de aprendizaje.

- Interés por el conocimiento y la creatividad en áreas psíquicas.

- Perseverancia, constancia y capacidad de concentración.

- Percepción clara, presencia mental, pensamiento claro.

- Aceptación positiva de problemas de vida y desafíos.

- Disposición de reconocer y entender la realidad psíquica.

- Interés por el desarrollo diferenciado y el proceso de crecimiento.

- Devoción a valores como la veracidad y el amor.

¿Cómo puedes ser tan estúpido, no querer aprender toda tu vida? Sé humilde y acepta que no sabes prácticamente nada de las personas, de la vida humana, del misterio del ser humano, de la verdad sobre las personas, del sentido de la vida, del amor, de los arquetipos del alma y del espíritu interior.

¡Cree en ideologías y dogmas, sigue la psicosis religiosa y perderás toda tu vida!

¡O quieres éxito en el aprendizaje, o te perderás!
¡No hay paraíso para las personas tercas, ingenuas y perezosas en pensar!
¡Tú decides!

32. Aprende a aprender eficientemente

👍 *Cada semana debes aprender sobre la vida y la vida laboral.*

👍 *Todos los días debes aprender algo sobre de las personas y el daño que hacen.*

👍 *Tú necesitas aprender a vivir eficientemente y a lograr tu cumplimiento.*

Aprender a aprender:

Todas las personas aprenden desde el periodo prenatal. Aprender significa adquirir nuevos conocimientos, comportamientos y capacidades, valores y actitudes. El aprendizaje comienza con la comprensión de palabras, términos, teorías y redes de hechos. Adquirir nuevos comportamientos y capacidades generalmente requiere un entrenamiento.

El desarrollo psíquico-espiritual es un proceso de aprendizaje. El aprendizaje puede ser orientado a objetivos u ocurrir al azar en situaciones de la vida. El aprendizaje ocurre por estudio, copiando, jugando, o simplemente por apropiación no reconocida, o por "prueba y error". La motivación y la actitud de aprendizaje positiva facilitan enormemente los procesos de aprendizaje.

Organiza tu aprendizaje: ¿Qué quiero aprender? ¿Qué quiero lograr? ¿Por qué quiero alcanzar este objetivo establecido? ¿Dónde puedo encontrar lo que debo aprender?

Tienes que hacer un horario: Establece un objeto principal y divídelo en objetos pequeños; aprende al ritmo de los pasos pequeños. Da al aprendizaje en la planificación del día y de la semana la prioridad apropiada y el tiempo necesario para aprender. ¡Para el aprendizaje también presta atención a tu biorritmo! Haz un plan mensual y semanal sobre el aprendizaje.

Siempre toma notas y revisa tu trabajo de aprendizaje, periódicamente cada semana. Copia gráficos, números, tablas, mapas mentales, (etc.) y resume lo esencial en tarjetas pequeñas. Expande nuevos contenidos, nuevas ideas y conexiones que te vienen a la mente mientras estableces los resúmenes.

 *¡O aprendes y aprendes con eficacia, o sigues siendo una persona arcaica, abusada y explotada de todos los lados!*
¡No hay paraíso para la gente estúpida!
¡Tú decides!

33. Vive la fuerza del amor

👍 *¡El amor es de importancia superior!*

👍 *¡Vive el amor todos los días!*

👍 *¡Ante todo en particular, ámate a tú mismo!*

👍 *¡Adquiérete la comprensión adecuada del amor!*

👍 *El amor es lo esencial específico de la naturaleza humana.*

👍 *El amor es el sentido más profundo de vida.*

Vive el amor todos los días:

➜ El amor es múltiple abierto a la vida.

➜ El amor da sentido y aprecia la vida.

➜ El amor hace la vida digna y rica.

➜ El amor es abierto a la vida cotidiana.

➜ El amor es la clave de muchas situaciones aparentemente intratables.

➜ El amor respeta la vida múltiple equilibrada.

➜ El amor respeta la vida de muchas maneras.

➜ El amor es una capacidad de logro compleja.

➜ El amor sin pensar tiene una oportunidad muy pequeña de éxito.

➜ El amor sin el espíritu interior es sin estructura, no tiene raíces interiores.

➜ El amor exige mirar de cerca a las necesidades interiores reales.

➜ El amor entiende el ser humano equilibrado por todos lados.

➜ El amor exige el desarrollo psicológico-espiritual.

→ El amor comprende conscientemente el futuro antes del placer rápido.

→ El amor tiende a crear una integridad interior equilibrada.

→ Por el autoamor se vuelve capaz de amar en la vida.

- Es una desgracia cómo la gente vive sin la fuerza del amor.

- Es una desgracia cómo la gente niega a buscar la verdad.

- Es una desgracia cómo la gente trata a sus hijos sin amor.

- Es una desgracia cómo la mayoría de los políticos son incapaces de amar.

- Es una desgracia cómo el cristianismo enseña el amor con mentiras.

¡O aprendes a amar y vivir el amor todos los días, o pasas toda tu vida como una persona instintiva y arcaica con una dinámica permanentemente destructiva y malvada!

¡No hay paraíso para esa gente, pobre en la capacidad de amor!

¡Tú decides!

34. Vive el amor con tu pareja

👍 *Te amo con corazón, cuerpo, mente, espíritu y alma.*

👍 *Te amo del fondo de mi ser.*

👍 *Te amo con conocimiento, sabiduría y habilidades.*

👍 *Te amo con confianza y fidelidad.*

👍 *Te amo con inteligencia, razón, intuición y sentimiento corporal.*

👍 *Te amo sin ninguna reserva oculta y sin fronteras.*

¡Tienes que vivir el amor todos los días!

→ Da un valor alto a la veracidad y fiabilidad en tu vida diaria.

→ Promueve (forma) el uno al otro la vida psíquica-espiritual.

→ Dedícate a los sentimientos, entiéndelos como mensajes.

→ Enfréntate a los hechos de la vida con responsabilidad y conciencia.

→ Desarrolla los potenciales, promuévelos con tu pareja.

→ Vive con tu pareja sensualidad a maneras variadas.

→ Toma los argumentos en serio y reconcíliate al mismo día.

→ A menudo tiene conversaciones constructivas sobre las pequeñas cosas de la vida cotidiana.

→ Vive tu impulso sexual junto a tu pareja tanto como sea posible.

→ Solo procrea un niño cuando estas preparado para los desafíos.

→ Si no deseas un hijo, entonces toma las medidas apropiadas.

→ Todos los días da signos de ternura con palabras y gestos.

→ Da gran importancia al crecimiento psíquico-espiritual de ambos.

→ Da profundidad a tu vida y también a tu relación.

→ Fíjate en el poder destructivo en tu inconsciente.

→ Integra el placer y el impulso; da importancia, habla de ello.

→ Respeta las necesidades físicas (salud) y cuídalas.

→ Experimenta el tiempo de vida como valioso y úsalo de forma inteligente.

→ Protege y promueve los valores del ser y de la convivencia.

→ Aprópiate muchos conocimientos y competencias de vida (habilidades).

→ Transforma principios y normas rígidos en modelos abiertos para la vida.

→ Fortalece la determinación contra cualquier cosa que pueda destruir el amor.

Qué pena: La mayoría de las relaciones y matrimonios viven el amor a un nivel del 1%.

¡O aprendes a amar a tu pareja, todos los días y sin reservas, o tu relación fracasará!

¡No hay paraíso para las personas que viven una relación sin la fuerza del amor!

¡Tú decides!

35. Prepárate para una relación

👍 *Tienes que prepararte para una relación.*

👍 *Tu eres responsable para ti cuando comienzas una relación.*

👍 *No estar preparado y aprender nada terminará muy dolorosamente.*

👍 *No empieces una relación si no quieres aprender nada.*

Aprende y considera algunos hechos prácticos:

- Importante es el interés mutuo en los casos diarias.
- Acepta conflictos, tensiones, experiencias difíciles.
- Respeta las diferencias (carácter, género, autoexpresión).
- Ambos están el uno y el otro en el mismo nivel.
- Normal es en convivencia proximidad y distancia alternando.
- La biografía de ambos es parte de la identidad propia.
- Respeta los límites de la pareja y de su mundo.
- Da espacio en la vida diaria para conversaciones.
- Esencial es animar y formar del amor regularmente.
- Las discusiones diarias sobre todos los asuntos son una necesidad.
- No haz balance de los errores diarios del uno al otro.
- Respeta la autorrealización como una devoción necesaria de ambos.
- La razón y la inteligencia están funciones coadyuvantes.
- El erotismo y estar enamorado tienen su lugar en la vida diaria.
- Ambos deben aprender un alto nivel de autogestión.
- La aceptación mutua y la satisfacción del deseo sexual son esencial.
- No puedes poseer el uno al otro en la plenitud del ser.
- La seducción y el placer como fuerzas animadoras son parte del

amor.

- Ambos necesitan esfuerzo y capacidades para la comunicación.
- La identidad propia de ambos cambia cada pocos años.
- Equilibra las cualidades femeninas y masculinas en la vida diaria.
- Encuentra soluciones comunes a preguntas y asuntos objetivos.
- Encuentra la orientación juntos en sueños, intuición y meditación.
- Discute y acepta una distribución de roles flexible.

Primitividad: La mayoría de las personas no están preparadas cuando comienzan una relación; aún son incapaces de vivir una relación constructiva.

¡O te preparas para una relación, o tu relación terminará en una enorme pila de problemas y conflictos!

¡No hay paraíso para las personas que viven una relación sin prepararse para ella!

¡Tú decides!

36.   Satisface tu deseo de sexo y ternura

👍 *Hacer el amor es un encuentro humano.*

👍 *El sexo da fuerza, esperanza y nuevas fuerzas de vida.*

👍 *El buen sexo te hace positivo, pacífico y feliz.*

👍 *El sexo fortalece la autoestima y la confianza en ti mismo.*

👍 *El encuentro sexual es un don maravilloso humano.*

El alma exige dar y recibir signos de amor:

➜ Un beso pequeño, una ternura suave, una palabra querida, un regalo pequeño.

➜ Una emotiva palabra de atención, también en momentos sin interés.

➜ Estima la presencia de tu pareja con una sonrisa.

➜ Muestra interés en lo que tu pareja piensa, siente, desea.

➜ Da un poco de apoyo, incluso si no es necesario.

➜ Mima a tu pareja con cualquier devoción.

➜ Muestra respeto, comprensión y cooperación.

➜ Satisface las necesidades interiores y deseos tanto como posible.

➜ Crea nuevos eventos para nuevas experiencias.

➜ Si estás solo no debes tener inhibiciones con la masturbación.

➜ Siempre protégete en sexo "ocasional".

Hacer el amor también significa aprender sobre: La diferencia de la pareja, su manera de expresarse, lo que a ambos les gusta y más bien no les gusta.

Las personas que afirman que la satisfacción sexual no es importante o es "sucia" son malas, estúpidas, muy neuróticas, perversas, falsas, mentirosas, obsesionadas por el poder, impulsadas por el delirio religioso; y odian y niegan la vida humana.

- Las experiencias sexuales con amor crean alegría.

- El sexo y el placer sexual tienen mucho que ver con el amor.

- La sexualidad es siempre una autoexpresión de la persona.

- Vivir el sexo refleja a toda la persona.

- La ternura siempre significa un mensaje.

- La ternura íntima tiene como objetivo dar placer con: "Te amo".

- Cada experiencia sensual llega a todo el ser humano.

¡O satisfaces tu deseo sexual, o te vuelves rígido, terco, despótico, heráldico, frígido y muy molesto!

¡No hay paraíso para las personas que no viven su deseo sexual!

¡Tú decides!

37.   Percátate de tus actitudes sexuales

👍 *Tus actitudes sexuales, tu deseo sexual y tu comportamiento son el resultado de tu educación y tus experiencias de vida.*

👍 *Percátate de tus actitudes sexuales, de tu deseo sexual y comportamiento, y renueva aspectos ineficaces.*

Refleja tus experiencias, actitudes y tu comportamiento sexual:

→ Comprende qué afecta principalmente tu vida.

→ Refleja lo que has experimentado de (con) parejas anteriores.

→ Piensa en experiencias embarazosas.

→ Percátate de cómo ves al hombre y a la mujer.

→ Recuerda cómo te iluminaron sobre el sexo.

→ Contempla lo que te gusta especialmente a tu pareja.

→ Recuerda lo que te golpeó dolorosamente, especialmente experiencias sexuales.

→ Refleja la importancia de la lealtad y apoya a la pareja.

→ Descubre lo que te gusta especialmente al cuerpo masculino / femenino.

→ Identifica actitudes, normas y prohibiciones que has experimentado.

→ Identifica tus prejuicios sobre hombres y mujeres.

→ Recuerda la experiencia sexual con una pareja más embarazosa.

Debes reflexionar ti mismo para encontrar satisfacción sexual:

- Eres grueso, no tierno, tienes prisa por el coito y el orgasmo.
- Rechazas tu cuerpo; también tu deseo de sexo.
- No eres capaz de mostrar y expresar sentimientos.
- No puedes hablar de deseos, fantasías y apetencias sexuales.
- Has experimentado una educación religiosa que rechaza el deseo sexual.
- Has experimentado traumas sexuales (abuso).
- Temes experimentar tu cuerpo y tu impulso sexual.
- Tú, como madre / padre hoy, has perdido interés en el sexo.
- Tu biografía está sobrecargada de conflictos y problemas.
- No confías en tu pareja; aun temes a tu pareja.

El secreto: No hay vida sexualmente satisfactoria en el mundo de la política, de los líderes en la sociedad y en la comunidad católica.

¡O reflexionas sobre ti mismo, tus actitudes y experiencias sexuales, o bloqueas el desarrollo del amor con satisfacción mutua!

¡No hay paraíso para las personas que bloquean la satisfacción sexual!

¡Tú decides!

38. Vive una relación constructiva

👍 Sé realista sobre la vida en una relación constructiva.

👍 Vivir en una relación significa aprendizaje permanente.

👍 Aprender con y de la pareja promueve el cumplimiento.

👍 Para tener éxito en vivir juntos con una pareja (de sexo opuesto), necesitas buenas capacidades de comunicación, reglas apropiadas y una gestión de vida equilibrada.

Reglas de comunicación:

➜ No humilla, no lastima, no devalúe, no te burla.

➜ No interrumpe con distracción, no exagera y no pierde el tono.

➜ Discute los casos de manera cooperativa y complementaria.

➜ Habla de manera clara, objetiva y directa.

➜ Escucha, entiende, selecciona y deja pronunciar a la pareja.

➜ Expresa los problemas, deseos, preguntas y sentimientos apropiadamente.

➜ Es necesario permitir a veces cierta distancia y autonomía.

➜ Respeta a la pareja como persona autónoma.

➜ También considera lo espiritual (los sueños), la intuición y la meditación.

➜ Considera tu estado físico, también aquel de tu pareja.

➜ Aprende a ver el pasado como un desafío para aprender.

➜ Refleja y renueva valores, normas y actitudes.

¡No vive juntos con una pareja si no deseas aprender algo acerca de las reglas de comunicación y la gestión de vida completa!

¡La mayoría de la gente tiene una comprensión absolutamente primitiva de una relación con el amor!

La gestión de relación completamente equilibrada:

- Vive y promueve la individuación del uno al otro.
- Aprende y practica la autogestión eficiente.
- Crea experiencias compartidas regulares que traigan alegría.
- Forma la identidad de pareja por la biografía en común.

¡O aprendes a vivir una relación constructiva, o fracasarás con tu relación, especialmente contigo mismo y con tu vida!

¡No hay paraíso para las personas que no quieren vivir una relación constructiva con el amor!

¡Tú decides!

39. Haz las promesas de matrimonio correctas

👍 *El matrimonio es el valor arquetípico superior.*

👍 *El matrimonio significa la unión entre hombre y mujer.*

👍 *El matrimonio es un concepto para crecer con y por de sexo opuesto, para cumplir una totalidad psíquica y espiritual, y para lograr el cumplimiento.*

Estás listo para casarte si estas listo para hacer las siguientes promesas:

"Yo prometo ...

➔ entenderte en tus declaraciones verbales y no verbales,

➔ apoyarte y no explotar tus debilidades,

➔ encontrar compromisos, animarte y ayudarte,

➔ tratar constructivamente con desacuerdos y disputas,

➔ satisfacer tus necesidades y deseos (placeres) de una manera agradable,

➔ equilibrar mis intereses con tus intereses,

➔ respetar tus sentimientos y límites emocionales,

➔ aclarar interpretaciones erróneas y malentendidos,

➔ cuidarte y tu ser (psique, alma, corazón, placer, cuerpo, salud),

➔ promoverte en tu desarrollo psíquico-espiritual,

➔ respetar las reglas de la cooperación,

➔ comunicar constructivamente,

➔ entender tus sueños, pensamientos y opiniones,

➔ discutir objetivamente con las informaciones correctas,

→ siempre prestarte la mayor atención,

→ darte la oportunidad de realizar tus talentos y autoexpresión,

→ elaborar democráticamente decisiones importantes contigo,

→ nunca chantajearte ni obligarte contra tu alma,

→ respetar tus cualidades como parte complementario de mi ser (alma),

→ estar contigo en los momentos buenos y malos,

→ dar prioridad superior a nuestro amor y siempre cuidar bien a este amor.

¡No te casa y no procrea un hijo si no puedes hacer esas promesas de matrimonio!

La gente se casa y después de eso no saben lo que han hecho.

¡O aprendes a hacer las promesas de matrimonio correctas y necesarias, o tú jugas contigo y tu pareja!

¡No hay paraíso para las personas que juegan con promesas de amor!

¡Tú decides!

40. Honra el pacto del matrimonio

 El arquetipo "matrimonio" no tiene nada que ver con una relación homosexual ("matrimonio").

 ¡Usar el término "matrimonio" para una asociación gay es como un abuso infantil; y también es un crimen contra el arquetipo "matrimonio" y "familia"!

El matrimonio no es simplemente una convivencia. El matrimonio no es sólo la realización del amor. La importancia del matrimonio es más que un espacio humano y legal para engendrar y educar a los hijos.

Comprende la importancia esencial del matrimonio y aprende todo lo que es necesario y útil para el éxito de vida. El matrimonio requiere protección y desarrollo en todas sus capacidades con ambas parejas. Crear una vida de interés cooperativa fortalece el matrimonio.

El significado central del matrimonio es ir juntos como hombre y mujer por el proceso del crecimiento psíquico-espiritual para crear una unión equilibrada del arquetipo masculino y femenino dentro de sí mismo y en participación mutua en este proceso.

"Matrimonio" tiene un fuerte enfoque psíquico-espiritual y su significado es "inviolable". Sólo por el aspecto del "matrimonio" como una celebración ritual, el término tiene su legitimidad.

El "matrimonio" homosexual no tiene absolutamente nada que ver con este significado. El término "matrimonio" no está justificado aquí por ningún argumento y como un significado arquetípico absolutamente sin legitimidad. ¡Es una tontería!

Hay claras explicaciones psicoanalíticas de la homosexualidad, que dicen que es siempre un conflicto de pulsión inconsciente, causado (casi) siempre por experiencias con la madre y el padre.

Las consecuencias son: Las parejas gais avergüenzan el arquetipo del matrimonio y los valores familiares reales al usar este término para su conflicto de relación neurótico. Su pretensión es como un dogma con razonamiento fundamentalista. ¡Esta profanación del arquetipo del "matrimonio" nunca puede ser aceptada! ¡Una desgracia repugnante!

¡O aprendes a proteger el arquetipo del matrimonio y de la familia, o cometes un crimen espiritual contra este valor eternamente sagrado!

¡No hay paraíso para las personas que profanan los altos arquetipos del alma!

¡Tú decides!

41. Resuelve tus conflictos de relación

👍 *No hay relación y amor sin discusiones, disputas, crisis, problemas y conflictos ocasionales.*

👍 *Los conflictos en la relación a menudo también son conflictos con uno mismo.*

👍 *Si quieres entender a tu pareja y a tu relación, primero debes entenderte a ti mismo.*

👍 *Si no puedes reconocer tu propia vida psíquica, no puedes entender la vida psíquica de tu pareja.*

👍 *Los conflictos de relación también se reflejan en la auto relación.*

Busca las causas de los conflictos en la relación y el amor:

➡ Los conflictos amorosos a menudo son causados por la vida interior inconsciente.

➡ Ideales, miedos, normas y mucho más son causas de conflicto.

➡ Los déficits de la infancia más tarde insisten en satisfacción en la vida.

➡ Los ideales poco realistas sobre la vida interior y la vida de relación crean problemas.

➡ El "mal" ("malo") en el otro es a menudo un aspecto propio.

➡ Los valores perfectos (ideales) de prurito destruyen una relación.

➡ Criticar lo todo por la comida y el comportamiento (etc.) crea problemas.

→ La incapacidad de tratar a las tensiones y conflictos crea conflictos.

→ No hablar conduce a una calle ciega sin salida.

→ Las mentiras de sí mismos conducen a mentiras de vida y artificialidades.

La voluntad, la disposición y la capacidad de elaborar los asuntos emergentes y las dificultades de todo tipo, vivida como expresión de una devoción mutua de toda la vida, es mucho más importante que un "alto acuerdo" en intereses, aficiones y gustos; y también más importante que todos los maravillosos sentimientos de enamorarse.

El 95% de las personas simplemente ignoran sus problemas y conflictos. ¡Pero son responsables de resolver crisis, problemas y conflictos!

¡O aprendes a resolver problemas, crisis y conflictos, o las cargas se hacen cada vez más grandes hasta la "explosión"!

¡No hay paraíso para las personas irresponsables que son demasiado perezosas para aprender a resolver conflictos de amor! ¡Tú decides!

42. Organiza tu familia de manera efectiva

¡El núcleo más importante de la gestión familiar es el AMOR!

Sólo con conocimientos y capacidades una vida familiar puede tener éxito.

En la administración familiar, el amor mantiene todo junto.

Tienes que percatarte del inmenso valor de una familia:

➜ La gestión familiar se basa en el anhelo por una pareja y crecer con ella y los niños.

➜ Vivir juntos incluye: Aprecio, afecto, amarse y animarse mutuamente.

➜ El amor acepta las diferencias de los miembros a lo largo de la vida en la que todos crecen.

➜ Filosofía de vida positiva, valores espirituales y generalmente humanos, así como actitudes mantienen una familia unida.

➜ La respuesta positiva, el estímulo y los signos de afecto forman el "espíritu familiar" todos los días.

➜ La vida familiar debe ser organizado: Cada miembro tiene su lugar y todos los miembros tienen que contribuir a garantizar que la convivencia funcione bien.

➜ Una familia necesita tiempo para relajarse, divertirse juntos y experimentar el mundo juntos (p.ej. vacaciones, tiempo libre).

→ Una familia que funciona bien requiere regularmente tiempo para conversaciones, para escuchar, para asuntos diarios y decisiones resultantes.

→ El tiempo familiar también crea identidad común por parte de todos los miembros que comparten ideas, pensamientos y experiencias.

Hoy en día, una familia está expuesta a innumerables influencias: Medios de comunicación, internet, marketing, millones de bienes, diez mil juguetes, juegos electrónicos, teléfonos móviles, innumerables bienes de consumo, coches, accesorios, artículos de moda en constante cambio, etc. El enorme supermercado ha destruido todos los esfuerzos de los padres para educar bien a los niños. Incluso los niños pequeños son lavados de cerebro, manipulados y en su mayoría quieren diversión ilimitada.

¡Los valores familiares están en gran peligro!

¡Aprende mucho sobre la vida familiar!

¡O aprendes una gestión familiar eficiente y respetas los valores superiores de la familia, o destruyes uno de los arquetipos superiores del alma!

¡No hay paraíso para las personas irresponsables que desprecian y destruyen los valores de la familia!

¡Tú decides!

43. Educa a tus hijos adecuadamente

👍 *Educar a un niño correctamente es una tarea exigente.*

👍 *La capacidad de educar a los niños requiere conocimientos y habilidades.*

Algunas orientaciones y reglas para la educación de los niños:

➡ Da a los niños respeto por sí mismos, ayuda y apoyo emocional.

➡ Anima a tus hijos y comparta entendimiento.

➡ Los niños deben aprenden que la rutina y los rituales son importantes.

➡ Una manera de educar a los niños es escuchar y hablar.

➡ Hablar resuelve muchas situaciones críticas en la vida familiar.

➡ Obviamente, escuchar es tan importante como hablar.

➡ Achichar, amenazar y acusar trasmite al niño un sentimiento malo.

➡ Criticar con las palabras y actitudes adecuadas ayuda al niño mejorarse.

➡ Sanciones son parte de la educación, pero tienen que ser apropiadas.

➡ Los niños deben tener la oportunidad de aprender intentando a probar.

➡ Una batalla sin fin por el control no mejora la situación.

➡ Las rutinas son una manera de educar a un niño a los estilos de vida.

➡ Los niños deben aprender a tratar con moneda, teléfono móvil e internet.

➡ Educa a tus hijos por tu propia forma de vida y tu compartimiento.

Los niños copian todo lo que experimenten (ven) con sus padres, en la televisión, en la calle, en las revistas, en la vida familiar y con los amigos.

Los niños quieren explorar el mundo. Los niños deben aprender lo dañino que puede ser si no eligen, no se orientan en los valores a la hora de elegir.

La disciplina fuerte, el trabajo y el aprendizaje eficientes, las actitudes y explicarse comprensiblemente deben ser parte de la educación de los niños.

Respeta siempre las necesidades interiores reales, vive el amor con inteligencia y espíritu. Esta es la mejor base posible de la educación de tus hijos. Pero tu hijo siempre tiene la opción libre de seguir tu ejemplo viviente, corregirlo o rechazarlo.

¡O aprendes a educar a tus hijos aprendiendo permanentemente sobre ti mismos, o destruyes el alma de tus hijos!

¡No hay paraíso para los padres irresponsables que no son un buen modelo real y no se forman a sí mismos y a sus hijos psíquico-espiritualmente!

¡Tú decides!

44. Decide cuidadosamente de un aborto

👍 *Es tu deber absoluto pensar cuidadosamente con tu pareja si deseas engendrar un hijo.*

👍 *También es tu deber tomar las medidas apropiadas si no deseas engendrar un hijo.*

👍 *Definitivamente no es aconsejable engendrar un hijo si no estás preparado con la educación.*

Tú decides de un aborto. Tienes que considerar algunos hechos:

→ Una mujer que ha realizado un aborto sin procesarlo interiormente todavía sentirá lágrimas de dolor y culpa hasta un futuro lejano.

→ El aborto como un evento, cuando la culpa es suprimida, dará forma a un nuevo destino con una fuerte influencia en el desarrollo futuro.

→ El recuerdo a los tiempos prenatales ilumina claramente que con la procreación un alma está ligada al ser biológico.

→ El alma de un feto tiene una conciencia paranormal y una percepción extrasensorial, también una experiencia emocional adecuada.

→ Los hombres también sienten una cierta responsabilidad por la nueva vida. La supresión de la experiencia forma un carácter rígido.

→ Incluso los hombres pueden ser perseguidos durante décadas por la pregunta inquietante: "¿Cual hija / hijo sería esta criatura hoy?"

➔ La decisión de abortar es un reto muy difícil. En todos los casos, el asesoramiento y el apoyo profesional son adecuados.

➔ Una vez que el aborto ha tenido lugar, no hay retorno. La procreación de un niño y el rechazo a aceptarlo forma a un ser humano.

➔ Pero hay circunstancias humanas y económicas difíciles que hacen apropiado un aborto.

➔ Las enormes consecuencias de tal decisión moral y humana deben llevar, al menos por la plena conciencia del riesgo, a decisiones responsables en asunto de sexo.

Nunca olvida: Con la procreación, un alma está inmediatamente ligada al feto. Esta alma es plenamente consciente de estos hechos.

¡O tu eres totalmente responsable de las consecuencias de un aborto apropiado y aprendes para el futuro, o la culpa cargará tu inconsciente!

¡No hay paraíso para las mujeres y los hombres que actúan irresponsablemente en el asunto de aborto!

¡Tú decides!

45.   Reduce las disputas estúpidas

👍 *Con la autoeducación, te liberares de códigos destructivos e ineficientes que descienden de la infancia, formada por los padres y otras experiencias anteriores.*

👍 *Percátate de los modelos aprendidos como imitar a la madre y al padre, repetir modelos psíquicos de disputa o formas de comunicarse.*

Algunos estímulos prácticos constructivos:

➔ Expresa tus necesidades claramente, también el tiempo libre.

➔ Habla de una manera que tu pareja pueda entender.

➔ No ignora cosas sólo para evitar la disputa.

➔ Toma en serio tus sentimientos / los sentimientos de tu pareja.

➔ No muestra ocupación seria para no tener que escuchar.

➔ No juega un tanto sólo para no prestar atención a tu pareja.

➔ Comienza una conversación importante en el momento adecuado.

➔ No hazte con hábitos como comer, beber o ver la televisión por frustración.

➔ Confesa si estás muy ocupado contigo mismo y explícate.

➔ No te porta agresivo solo para suprimir algo.

➔ No te pone emocional interpretando la persona lesa y ofendida.

➔ No se impuntual para manipular a tu pareja.

➔ No haz teatro, sólo para protestar contra un asunto de relación.

➔ Discute y resuelve problemas de dinero y desacuerdos.

Encuentra nuevas perspectivas y nuevas actitudes:

- Hablar entre sí es un proceso de aprendizaje; piénsalo.
- Cada relación a veces es desafiada con argumentos fuertes.
- Ciertas disputas pueden cubrir emociones más profundas de amor y de confianza.
- Ocasionalmente una fuerte confrontación puede ocurrir.
- Una crítica humillante en el lugar de trabajo a menudo se dimine (transferido) en casa.
- Los buenos amigos pueden crear más problemas / dificultades.
- Dogmas son veneno para una relación con la individuación vivida.
- Piénsalo: "¿Realmente quieres destruir tu relación?"

La mayoría de las relaciones están completamente contaminadas con mentiras y fraude.

¡O aprendes a reducir argumentos estúpidos, o tendrás más y más argumentos (disputa)!
¡No hay paraíso si no aprendes a manejar los argumentos correctamente!
¡Tú decides!

46.   Tú decides de divorcio (o separación)

☝ Una solución es posible en 7 de cada 10 situaciones críticas con riesgo de divorcio.

☝ Los conflictos subliminales en las relaciones pueden ser resolvueltos en la mayoría de los casos.

☝ Es mejor aclarar las cosas en las relaciones que huir de los problemas.

Las razones más comunes que llevan al divorcio:

➔ Incapacidad para resolver problemas propios.

➔ Incapaz de discutir o argumentar correctamente.

➔ Casado por miedo a estar solo.

➔ Conflicto de expectaciones de rol mutua: Alimentar y proteger.

➔ Incapaz de escuchar, de desahogarse (capacidad de comunicación).

➔ Falta de autoamor y por eso la capacidad de amar a la pareja.

➔ La ilusión de que el matrimonio funciona por sí mismo.

➔ Incapaz de realizarse auténticamente (Auto realización).

➔ Víctima y perpetrador de mentiras de vida e ilusiones modernas (zeitgeist).

➔ Juegos de poder y venganza, rechazo, juegos de escondite.

➔ Incapaz de mostrar sentimientos; y tratarlos de manera constructiva.

➔ Infidelidad como resultado del estancamiento y de la vida de relación superficial.

➔ Crisis de la vida personal que la persona no puede o no quiere resolver.

➔ Desarrollo difícil de un carácter neurótico del uno o de ambos.

➔ Incapaz de vivir la sexualidad y tratar los problemas correspondientes.

<u>La primera regla básica:</u> Cada uno tiene que enfrentarse a sí mismo primero. Los sueños le dicen a cada uno lo que se puede desarrollar y cómo.

<u>La segunda regla básica:</u> El amor exige el desarrollo psicológico-espiritual. Si uno lo rechaza por completo, el divorcio está sobre la mesa para discutirlo.

<u>La tercera regla básica:</u> Uno debe aprender a amar para que el otro pueda ser convencido con hechos sobre el aprendizaje y el crecimiento.

Si uno ignora estas reglas, el divorcio es apropiado. No divorciarse puede significar que toda la vida está paralizada y, por lo tanto, todo el cumplimiento está bloqueada.

¡O aprendes sobre las dificultades de la relación y serás responsable de tu decisión, o tendrás problemas aún mayores en el futuro!

¡No hay paraíso si tratas el divorcio indistintamente!

¡Tú decides!

47. Elige a la pareja adecuada con éxito

👍 *Investigue si tu pareja potencial está listo para aprender.*

👍 *Averigua si tu pareja potencial ya está formada por todos lados o si se forma conscientemente a sí mismo.*

👍 *Investigue si tu pareja está dispuesta a cooperar en la gestión de la vida.*

Principios:

Tú y tu pareja deben estar listos para aprender, sobre el ser humano, la vida interior, la vida, el amor, la relación, tratar con el dinero, educar a los hijos, gestionar la vida familiar, los intereses, etc.

Algunas actitudes son esenciales e indispensables para tener éxito: Honestidad, confianza, fidelidad, comprensión, cooperación, sexualidad satisfactoria y una forma justa y abierta de comunicarse de todo.

Contempla cuidadosamente:

➔ Elige a una persona realmente buena para vivir juntos.

➔ Tú decides con quién empiezas una relación.

➔ Tiene expectativas razonables; cuando no llevará a conflictos.

➔ Si quieres a una persona como tu pareja de vida, haz mucho para amarla.

→ El ser interior de la pareja elegida es una fuente de vida.

→ Aprender actitudes buenas es necesario para crear éxito en el amor.

→ No elige a una pareja porque tienes sentimientos entusiastas.

→ Buscar matrimonio significa compartir la existencia en esta tierra.

→ Considera que tú y tu pareja crecerán como persona.

→ Tendrás que superar muchos desafíos en convivencia.

→ Las cargas biográficas crearán problemas grandes.

→ ¡No salta al agua desconocida por entusiasmo!

La pareja elegida determinará tu vida y tu desarrollo psíquico-espiritual por el resto de tu vida. Tiene sentido elegir a la pareja adecuada si no quieres vivir el infierno.

¡O tu eres muy cuidadoso en la elección de la pareja correcta, o tendrás que vivir con todas las consecuencias desagradables!

¡No hay paraíso si empiezas una relación a ciegas!

¡Tú decides!

48.   Trato con tus sentimientos

 Los sentimientos son muy importantes en la vida.

 Puedes aprender a entender tus sentimientos.

 ¡Tienes que formar y manejar tus sentimientos!

Gestione tus sentimientos de manera eficiente:

➜ Quieres entender tus sentimientos:
   Esto es posible con reflexión y meditación.

➜ Quieres ser capaz de tratar con tus sentimientos:
   Primero, tienes que entenderlos.

➜ Quieres estar libre de división interior:
   Entiende lo que te rompe interiormente.

➜ Quieres tener sentimientos positivos hacia la vida:
   Muévete hacia la vida real.

➜ Sientes cargas interiores:
   Reconoce las cargas interiores y resuélvelas interiormente.

➜ Sientes tristeza y angustia:
   Hay algo que te aplasta.

➜ Tu estado es estresante, malhumorcido y nervioso:
   Analiza lo que te pone en este estado.

➜ Te faltan esperanza y confianza:
   Constrúyelas interiormente y con eficacias reales.

➜ Esta insatisfecho con ti mismo:
   Haz lo necesario para encontrar satisfacción.

➜ No te sientes "completo" (entero, redondo):
   Encuentra tu satisfacción en el desarrollo psíquico-espiritual.

→ Eres infeliz:

Sólo puedes volverte verdaderamente feliz con amor y espíritu.

→ Te falta la paz interior:

Haz las paces contigo mismo en tu vida interior.

→ Sientes culpa difusa:

La mayor culpa es negarte a ti mismo.

→ Piensas que todo no tiene sentido:

El sentido de vida es formarte a ti mismo y vivir tu ser interior.

¡O tu entiendes, guías y formas tus sentimientos, o serás víctima de tus sentimientos!

¡No hay paraíso si deja a ciego triunfarte de tus sentimientos!

¡Tú decides!

49.   Gestione tu estado energético

👍 *Cuida el estado de tu energía.*

👍 *Hay muchas maneras de formar tu energía.*

➡ Tus sentimientos son tensos. Libérate de los factores de estrés.

➡ Sientes desarmonía interior. Cree un equilibrio.

➡ Sientes presión interior. Quita la presión real.

➡ Eres fácil de molestar. Todo tiene que funcionar como tú quieres.

➡ Estás deprimido. Hay factores que presionan tu alma.

➡ Estás constreñido. Normas, opiniones, actitudes, formas de pensar limitan.

➡ Eres volátil. No tienes apoyo interior.

➡ Eres insegura. Te faltan habilidades y confianza en ti mismo.

➡ Tu vida interior es rígida y miserable. Hay una opresión total.

➡ Puedes reaccionar muy rudo. No estás bien formado.

➡ Tienes poca energía vital. El inconsciente te come energías.

➡ No tienes placer de vivir. Algo te paraliza.

➡ Reaccionas crónicamente con mal humor. No tienes estructura.

➡ Puedes ser inexplicablemente destructivo. Tienes conflictos interiores.

➡ Te dejas fácilmente infectar por los caprichos de los demás. No estás bien estructurado.

Usa métodos para fortalecer el estado de tu energía:

- Crea imágenes positivas interiormente; armoniza el mundo de imágenes internos.
- Concéntrate en pensamientos eficaces; resuelve pensamientos molestos.
- Acepta tu vida, equilibra contrastes, reconcíliate con X / con la vida.
- Resuelve conflictos; forma actitudes constructivas y eficientes.
- Concéntrate en un sentido de vida positivo; cuida de tu cuerpo.
- Medita, practica el entrenamiento mental; reduce los estímulos externos.

El teatro global de monos es vergonzoso: La gente gasta dinero sin pensar, habla sin pensar, juzga sin pensar, haz el amor sin pensar, se casa sin pensar, especula sin pensar, usa su tiempo sin pensar, maneja su vida sin pensar, procree a un bebé sin pensar, haz negocios sin pensar, cree lo que sea sin pensar, obedece sin pensar y desperdicie su energía vital sin pensar. ¡Increíble!

¡O fortaleces tu energía vital, o te vuelves destructivo y paralizado por tu energía incontrolada!
¡No hay paraíso si no manejas y controlas tu energía vital!
¡Tú decides!

50. Trata constructivamente con estrés

👍 *El comportamiento sano, como prevención y trato de estrés, debe desarrollarse y practicarse por una comprensión holística del ser humano.*

👍 *El comportamiento sano es, de hecho, simplemente un modo de vivir sano basado en la autoeducación continua y amplia.*

👍 *Se debe formar una base filosófica-vital para el modo de vivir, incluyendo valores y actitudes que aceptan la vida con sus dimensiones físicas, psíquicas y espirituales.*

➜ El estrés es una reacción física no específica.

➜ El estrés no es sólo una tensión nerviosa.

➜ El estrés no es siempre el resultado de una influencia dañina.

➜ El estrés no es algo que se deba evitar predominantemente.

➜ El estrés es a veces también la especia de vida.

Identifica las causas del estrés:

💣 Ruido

💣 Tráfico

💣 Marketing

💣 Aire malo

💣 Preocupaciones

💣 Conflicto, disputa

💣 Ocio

💣 Desafíos

💣 Conducir

💣 Emisiones

💣 Pensamiento de prestigio

💣 Nutrición falsa

💣 Violencia

💣 Ambiciones

💣* Falta de movimiento

💣* Presión para el éxito

💣* Prisa, tiempo

💣* Gente

💣* Actitudes morales

💣* Problemas de dinero

💣* Espacios reducidos

💣* Nuevas tecnologías

💣* Mentiras

💣* Aflicción

💣* Falsedad

💣* Normas religiosas

💣* Trabajar al PC

💣* Autoridad falsa

💣* Miedo difuso

💣* Desconfianza

💣* Frustración

💣* Mareos

💣* Vacaciones superficiales

💣* Normas rígidas

💣* Condiciones de vida críticas

La perversión capitalista ha alcanzado la cima: Cuanto más estrés, mejor se siente el ego, mejores serán las posibilidades de una carrera; mejor se puede ignorar el amor y la vida con el espíritu interior.

¡O tratas adecuadamente los factores de estrés, o te conviertes en una víctima del estrés, lo que también te impedirá encontrar paz y felicidad!

¡No hay paraíso si ignoras los factores de estrés esenciales!

¡Tú decides!

51. Cuida tu salud

👍 *La salud es más que un estado físico positivo.*

👍 *Existen medidas eficientes para un estilo de vida saludable.*

→ Percátate de tus sentimientos sensuales.

→ Comprométete a tus puntos de vista e intereses.

→ Habla de rencor, ira y estado de ánimo.

→ Acepta también sentimientos fuertes e inestables.

→ Explora ideas nuevas e inusuales.

→ Aprende a estar solo y a tratar contigo mismo.

→ Mímate aquí y allá.

→ No te siente presionado para resolver todos los problemas de inmediato.

→ Aprende a vivir bien, incluso si ciertas cosas no van bien.

→ Va a correr de vez en cuando (en lugar de tomar ascensor / coche).

→ Sal a tomar un poco de aire fresco.

→ Airea tu casa regularmente.

→ Evita aire malo y ruido si es posible.

→ Apaga el televisor si el programa está aburrido.

→ Cuida modelos de vida regulares.

→ Sé moderado con tabaco, alcohol, café, dulce, comida.

→ Disfruta de la comida con paz y tiempo.

→ Disfruta de tu trabajo (mínimo 20% de tus tareas diarias).

→ Gestiona la presión de tiempo sin "nadar".

→ Ve sentido en tu trabajo y también en tu tiempo libre.

→ Si conduces un coche respeta a los demás y conduce prudentemente.

→ Interésate por la historia de la vida de los demás.

→ Visita eventos culturales, sociales y políticos.

→ Si es necesario, pon tus intereses sobre la mesa con determinación.

→ Da gran importancia a los valores del ser humano.

→ Acepta el sufrimiento interior y exterior de la vida.

→ Acepta fases de vida difíciles de tu pasado.

La lista de posibles enfermedades y problemas mentales es muy larga. Probablemente no querrás saber nada sobre esta lista porque niegas tu vida interior y externa.

¡O te preocupas por tu salud o corres el riesgo de problemas de salud innecesarios (hechos de ti mismos)!

¡No hay paraíso si no te importa tu salud!

¡Tú decides!

52. Resuelve problemas y conflictos

☞ Tu eres responsable de resolver tus problemas y conflictos.

☞ Tu eres responsable de aprender a resolver problemas y conflictos.

☞ Resuelve tus problemas y conflictos con la inteligencia y la creatividad.

➜ Tómate el tiempo para entender los problemas antes de empezar a resolverlos

➜ Percátate claramente de todos los hechos en tu cabeza

➜ Identifica los hechos que son especialmente importantes

➜ Haz una lista de preguntas para abordar el problema

➜ Sé consiente y original para encontrar ideas nuevas

➜ No es ridículo si dices algo inusual o equivocado

➜ Libérate de los tabúes culturales que impiden una solución

➜ Dibuja un diagrama para visualizar el problema

➜ Imagina cómo vas a resolver el problema

➜ Repasar los elementos reales del problema

➜ Fracciona el problema: Resuelve cada parte individual y continua así

➜ Utiliza situaciones similares, examina una transmisión posible

➜ Sé abierto y comprueba suposiciones (presunciones)

➜ Utiliza estrategias distintas: Verbal, visual, computacional, actuando

➜ Si estas clavado en un intento, intenta de otra manera y continua

➜ Sé atento a las situaciones extranjeras. Podrías estar cerca de la solución

➜ Busca conexiones entre los hechos individuales

➜ Confía en tu intuición. Adopta un nuevo enfoque de pensar y continua

➜ Trata de adivinar una solución y continua

➜ Un gran esfuerzo puede retrasar la solución, pero puede ser la solución

➜ Va más allá de lo ordinario y trata de inventar nuevos métodos

➜ Sé objetivo; evaluar tus ideas como si fueran ideas extranjeras

A nadie le importa si puedes resolver tus problemas y conflictos, ¡o no!

¡O resuelves problemas y conflictos, o estos conflictos y problemas te dominarán; y crecerán y complicarán tu vida!

¡No hay paraíso si no resuelves tus problemas y conflictos!

¡Tú decides!

53. Utiliza una estrategia a resolver problemas

👍 *La creatividad es indispensable para una estrategia.*

👍 *Para aplicar una estrategia, la motivación es crucial.*

👍 *La aptitud mental es una condición para tratar con las estrategias.*

Resolver problemas y dificultades requiere un plan y una estrategia. Esto significa: Planificación sistemática, abierta y transparente de todas las soluciones posibles. Pocas personas hacen esto en su vida diaria. Los efectos son obvios: Malas soluciones, ninguna solución en absoluto, intentos interminables sin éxito y un aumento tormentoso de los problemas.

Paso 1: Analiza y clasifica el problema. ¿Cuál es el problema? ¿Cómo sucedió esto? ¿Qué importancia tiene el problema? ¿Cuáles son las partes del problema? ¿Qué instituciones están involucradas? ¿Quién está involucrado? ¿Cuál es mi ideal? ¿Cuáles son las opciones?

Paso 2: Identifica el déficit de información, conocimientos de vida, teorías e ideas. ¿Cuál es exactamente el déficit? ¿Qué conexiones no entiendo? Estructura ideas y hechos, luego redefine el problema.

Paso 3: Construye teorías y procura el material necesario (información). Busca combinaciones y explicaciones (causa-efecto; redes). Dibuja un diagrama (sketch, diagrama de flujo, mapeo mental, etc.). Gestiona siempre el problema como un proceso de aprendizaje para todas las personas involucradas.

Paso 4: Dibuja una posible solución basada en las teorías (X es porque Y). Comprueba si una solución es factible. Determina las exigencias para una solución. Prepara decisiones. Analiza los fenómenos y efectos asociados.

Paso 5: Realiza el plan de la solución. ¡Acción!

Paso 6: Evalúa y comprueba el éxito.

¿Quieres resolver un problema, o prefieres vivir con el problema durante los años siguientes hasta que un día el problema desaparezca, o tal vez haya crecido dramáticamente? ¡Eres responsable de tu éxito!

¡O trabajas con una estrategia para obtener soluciones y un buen resultado, o intentas sin fin, incluso con mucho esfuerzo, con mucho desperdicio de tiempo y poco éxito!

¡No hay paraíso si no encaras tus problemas y conflictos estratégicamente!

¡Tú decides!

54. Supera situaciones difíciles

👍 *Puedes superar situaciones difíciles.*

👍 *Puedes reencontrar buena vida y felicidad.*

Muchas personas sufren un grave golpe del destino: Un ser querido muere o está paralizado, causado por un accidente; la muerte temprana de un padre; o un hijo suyo muere; separación o divorcio; desempleo inesperado; quiebra por muchas razones; cáncer o una enfermedad con consecuencias graves; una tormenta destruye el hogar y los negocios; la sequía o inundaciones destruyen la existencia; víctima de robo, asesinato o violación; abuso infantil; víctima de cualquier violencia; pérdida de ahorro debido a las actividades bancarias amorales; víctima del terrorismo o de los guerreros; caer la pobreza; y mucho mas

Cuando has experimentado un golpe de destino, puedes quejarte, llorar, enojarte, rendirte, convertirte en alcohólico, jurar venganza, caer en una profunda depresión y de alguna manera vivir como una persona rota. Durante un cierto período de tiempo, tal reacción es comprensible, a veces incluso necesaria. ¡Pero pasar el resto de la vida como una persona rota no es realmente necesario! S de luto profundamente por un tiempo determinado.

Pero entonces: ¡DETENTE! Y actúa:

➜ ¡Reconcíliate con la vida sobre lo que pasó!

➜ ¡Reencuentra los valores que puedes vivir en la tierra!

➜ ¡Elabora todo lo relacionado con el evento anterior!

➜ ¡Comienza a encontrarte de nuevo! ¡Descubre tu vida interior!

➜ ¡Determina nuevos objetos de vida que se orienten en tu vida interior!

➜ ¡Busca los arquetipos del alma y crece con ellos!

➜ ¡Despídete en pasos pequeños del pasado!

➜ Organízate con muebles nuevos, ropa nueva y ...

➜ ¡Aprende mucho sobre ser humano y conviértete en una persona sabia!

➜ ¡Sigue tu nuevo camino, especificado por tu vida interior, guiado por el espíritu!

➜ ¡Lucha duro, todos los días, año tras año para encontrar el éxito!

➜ ¡Escribe un diario; encuentre orientación en sueños y meditaciones!

➜ Tus valores están en tu ser interior: ¡Búscalos y vívelos!

➜ Permítete reencontrar 100% alegría de vivir y felicidad!

¡O superas situaciones difíciles o te dominaran por el resto de tu vida! ¡Pero esto sería un desperdicio de tiempo de vida!

¡No hay paraíso si no liberas completamente situaciones difíciles!

¡Tú decides!

55. Supera tu sufrimiento psíquico

Puedes superar el sufrimiento psíquico.

Puedes encontrar una vida interior completamente sana.

Los sufrimientos psíquicos más extendidas son: Depresión, ansiedad, miedo, obligación, etc. Las enfermedades psicosomáticas y los sufrimientos psíquicos también están muy extendidas: Trastorno del sueño, dolores de cabeza, migrañas, dolor físico difuso, muchos tipos de alergias, etc.

En el sufrimiento psíquico podemos identificar una variación de causas amplia: Experiencias de vida no procesadas, falta de sentido de la vida, ira reprimida, autorechazo, decepciones, frustración, sexualidad suprimida, opresión, tristeza, pasividad, aislamiento, sentimientos de inferioridad, voluntad paralizada, sentimientos de dependencia, sentimientos de incompetencia, autoestima mínima, poca autoafición, etc.

En cierto modo, todas estas personas son "sanas", pero sufren de una condición en el medio ambiente que no es saludable. Podemos decir: La persona que no sufre del absurdo del zeitgeist, de las ilusiones del consumo, de la codicia sin escrúpulos, de la crueldad del estado de la humanidad, esta verdaderamente enferma.

¡La gente quiere usar medicamentos para combatir su sufrimiento interior! ¡Eso es estúpido e ignorante! Hay formas más eficientes para medidas claras:

➜ Percátate de lo que te oprime del interior y del exterior.

➜ Elabora tus cargas con los métodos correctos.

➜ Construye autoestima por logros diarios.

➜ Dedícate por los factores dominantes ocultos.

➜ Encuentra tu autoestima y confianza en ti mismo.

➜ Forma "yo"-fuerza por el autoconocimiento y la autoformación.

➜ Concéntrate en los valores importantes del ser humano.

➜ Reconcilia tu pasado y tus dolores experimentados.

➜ Aclara tus problemas reprimidos, dificultades y conflictos.

➜ Encuentra ti mismo y conviértete completamente tú mismo con el espíritu interior.

¡O superas tu sufrimiento psíquico o la situación aumentará y te dominará por el resto de tu vida! ¡Pero esto sería un completo desperdicio de tu vida!

¡No hay paraíso si no superas tu sufrimiento psíquico con eficacia!

¡Tú decides!

56.   Vive con tu espíritu interior

El "espíritu" es la fuerza que crea los sueños y meditaciones; y es también la fuente de intuición e inspiración.

👍 *El espíritu es una fuerza informativa, organizadora y guiada.*

👍 *El espíritu es el principio sabio de la acción del alma.*

👍 *El espíritu es vivificante, estimulante y benévolo.*

Características del espíritu interior:

→ El espíritu sabe con qué propósito transmite mensajes.

→ El espíritu conoce el "programa de código" de la individuación.

→ El espíritu organiza el procesamiento del inconsciente.

→ El espíritu dirige los pasos hacia un ser y una vida equilibrados.

→ El espíritu da informaciones sobre Dios y la trascendencia.

→ El espíritu identifica soluciones donde no hay soluciones visibles.

→ El espíritu es la fuente de la religión y de la enseñanza espiritual.

El espíritu mismo ofrece algunos problemas extraordinarios:

- ¡El espíritu interior es la máxima autoridad y está por encima de todas las religiones y enseñanzas dogmáticas! Pero nadie escucha a este espíritu.

- ¡La conciencia espiritual de la mayoría de las personas todavía está en un nivel arcaico! La mayoría de las personas evita entrar en contacto con este espíritu interior.

- Para la mayoría de las personas, Dios (religión, dogmatismo) es un sustituto del autoconocimiento, de la autoeducación psíquica-espiritual y del espíritu interior.

Vive espiritualidad:

- Va por el camino de los procesos psíquicos-espirituales (individuación)
- Forma tus propias fuerzas internas (psíquicas); sé responsable de est
- Vive el amor por ti mismo, por tu pareja, por los niños, por los demás, por la naturaleza, etc.
- Interpreta tus sueños sistemáticamente y vive las consecuencias
- Medita y practica el entrenamiento mental con todas sus variaciones
- Comprende el sentido de la vida en relación con tu espirito interior

¡O aprendes a vivir con espiritualidad, o vives como una mera biomasa humana sin espíritu! ¡Y así nunca alcanzarás tu cumplimiento!

¡No hay paraíso si no vives la espiritualidad con el proceso de individuación!

¡Tú decides!

57.   Adquiere la comprensión correcta de los sueños

👍 *Todo el mundo tiene sueños por la noche y eso siempre ha sido el caso en todas las personas.*

👍 *Una fuerza inteligente organiza los elementos del sueño en un mensaje valioso.*

👍 *¡Los sueños son la puerta de entrada al universo psíquico-espiritual!*

👍 *El deber final: ¡Aprende a interpretar tus sueños correctamente!*

No es sólo la opinión popular general de la época arcaica que muchas personas presuponen que un mensaje está oculto en los sueños. Las teorías de sueños se basan en la idea de que los mensajes son útiles: Informan, aconsejan, advierten y ayudan a avanzar en la vida, especialmente cuando el pensamiento ya no lo sabe. Esto significa: Una fuerza inteligente organiza los elementos del sueño en un mensaje valioso. Esta fuerza es el "espíritu interior".

La interpretación de sueños se basa en el conocimiento de la vida psíquica y la vida externa real: Cuanto más sabes de la vida psíquica y las vidas de las personas en general, más diferenciada es la interpretación de tus sueños.

El lenguaje de los sueños es tan variado como el lenguaje en la vida, la literatura y la pintura artística. Teniendo en cuenta todo esto, se puede constatar que esta fuerza espiritual inteligente sabe mucho más de lo que una persona pueda saber. El espíritu interior también puede informar de sí misma y del mundo espiritual.

Los sueños nos ayudan en todos asuntos a vivir una vida buena y feliz. Los sueños nos muestran el camino hacia el ser interior más profundo, el ser psíquico-espiritual interior decisivo. Los sueños también nos ayudan a encontrar orientación en el mundo exterior.

¡O aprendes a interpretar tus sueños correctamente y vives las consecuencias de los mensajes de sueño, o nunca podrás encontrar tu cumplimiento completo por los arquetipos del alma!

¡No hay paraíso sin la guía del espíritu interior por los sueños!

¡Tú decides!

58. Utiliza la fuerza de la meditación

En la meditación, la visualización interior, la misma fuerza inteligente opera como en los sueños.

Para tener un verdadero éxito con la meditación, necesitas meditar con reglas para que la fuerza del espíritu pueda funcionar.

Con imaginación puedes relajarte, encontrar nuevas fuerzas, elaborar soluciones para problemas, liberar la "cabeza", entender a los demás, encontrar sentido de la vida, elaborar tus sueños, identificar causas de sufrimiento y dificultades, elaborar el inconsciente, etc. La imaginación es una forma de meditación con la que podemos elaborar y renovar toda la vida psíquica y real.

La contemplación enfoca los arquetipos, es decir, las estructuras generales de las fuerzas psíquicas, las transformaciones de la vida psíquica, los temas esenciales de la vida, el sentido de la vida, los valores del ser humano y también el mundo trascendental. Los símbolos generales reflejan temas fundamentales concretos de la existencia humana, que nos afectan a todos. La contemplación crea acceso al misterio del ser humano.

Meditar correctamente significa:

→ Determina lo que quieres lograr: Conocimiento, transformación, fuerza.

→ Determina las imágenes y los símbolos con los que deseas trabajar.

→ Llama las imágenes y sigue el curso orientada al objetivo, pasivamente o influyéndolo activamente.

→ Siente el significado. Interpreta el resultado como sueños.

→ Formula consecuencias para tu vida, vívelas y comprueba el resultado.

→ Comienza siempre con un breve ejercicio de relajación.

¡O aprendes a meditar adecuadamente, o nunca puedes vivir de la fuente espiritual interior; y por lo tanto nunca encontrarás tu cumplimiento completo y nunca el cumplimiento de los arquetipos del alma!

¡No hay paraíso sin la guía del espíritu en meditaciones!

¡Tú decides!

59. Razones para trabajar para el paraíso

☠ La mayoría de las naciones principales de todo el mundo están presta a comenzar la Tercera Guerra Mundial en cualquier momento, presta a acciones con un total de más de 7 millones de soldados y mercenarios.

☠ La crisis financiera de 2010 fue sólo el preludio de lo que está por venir: El colapso total de los sistemas financieros.

☠ La mayoría de los océanos y mares están terriblemente contaminados y destruidos, especialmente el arroyo natural interior.

☠ Los recursos alimentarios, especialmente el pescado, el arroz y el trigo, se han vuelto muy escasos como resultado del cambio climático.

☠ La mayoría de los medios de comunicación mundiales, especialmente en las naciones industrializadas, están en manos de pocas personas, manipulando a casi toda la humanidad.

☠ En los Estados Unidos y en muchos países de la UE se crea cada vez más leyes, que son casi una copia de la era nazi.

☠ En los últimos años, unos pocos miles de personas han tomado billones de dólares del 80% de la población mundial.

☠ El control y el castigo de los ciudadanos en los Estados Unidos y Europa ha alcanzado un nivel que conocemos en la época de los nazis.

- La tragedia del 9/11 y el terrorismo mundial han sido fabricados para hacer posible la guerra, introducir las leyes más estrictas y permitir medidas inhumanas.

- Con la nueva prohibición del tabaquismo, los políticos quieren reducir los encuentros sociales para evitar los intercambios críticos de ideas.

- Desde años, el tiempo, los tsunamis, la sequía, las olas de calor y los terremotos han sido hechos por el hombre para iniciar una (gran) guerra.

- Se han introducido leyes en todas partes que prohíben cuestiones científicas críticas sobre acontecimientos históricos del siglo XX.

- El 80% de lo que los estudiantes aprenden (filosofía, ciencias sociales, psicología, negocios, historia) es irrelevante para la vida.

- Más personas han muerto o han resultado heridas en los últimos 60 años debido a accidentes de coche y partículas en suspensión que en la Segunda Guerra Mundial.

- El sistema mundial de circulación, incluido su industria, ha destruido más medio ambiéntale que todas las guerras de los últimos 300 años combinados.

- 9 de cada 10 padres y madres educan a sus hijos sin conocimientos adecuados, sin actitudes y habilidades constructivas.

☠ Se estima que hay 6.000 personas poderosas que gobiernan todo el mundo occidental; y quieren su "nuevo orden de un solo mundo".

☠ Hay megalómanos en posiciones de poder, impulsados por psicosis religiosa, que orquestan intencionalmente la destrucción del equilibrio global.

☠ La CIA, el MI5 y el Mossad actúan prácticamente fuera del control de los gobiernos y por lo general fuera de las leyes internacionales y fuera de los valores humanos.

☠ El Cristianismo y el Islam (un total de unos 4.500 millones de personas) han sido incapaces de establecer la paz y los valores del amor en la tierra.

☠ El Cristianismo y el Islam no educan a las personas en su desarrollo psíquico-espiritual holístico con el espíritu interior.

☠ El Cristianismo y el Islam han fracasado en la promoción y la vida de los arquetipos del alma para el cumplimiento y la misión suprema.

☠ En un futuro próximo, los costos de los desastres y daños causados por el cambio climático en todo el mundo costarán billones de dólares, cada año.

☠ La "plaga" que contamina a la humanidad significa codicia, delirio de grandeza, perversión, psicosis, narcisismo, mentira, falsedad y sadismo.

☠ En los últimos 600 años, el Occidente ha cometido un genocidio increíble, robando fortuna y bienes y tierras, todo en nombre de Dios.

☠ Durante 2.000 años el Cristianismo ha cometido un número infinito de terribles crímenes y guerras, oprimiendo y esclavizando a muchos pueblos, todo en el nombre de Jesucristo.

☠ Cada día, las aguas residuales de 2-3 mil millones de personas van a los mares y a la tierra; esta cantidad se duplicará en 25 años.

☠ Dentro de 25 años, millones de toneladas de residuos nucleares estarán en esta tierra y nadie sabe cómo se descontaminará o se eliminará este desperdicio para siempre.

☠ En 50, 100, 1.000 años y más años, la gente todavía tendrá que pagar cada año por el mantenimiento de los residuos nucleares actuales.

☠ Hay más de 100.000 moléculas químicas en nuestro medio ambiente, incluyendo en el suelo, en el agua, en el aire y, cada vez más, en nuestros alimentos.

☠ Cada año se producen unos 70 millones de coches; en 50 años, serán unos 3.500.000.000 de coches. Un día los recursos se secarán y el planeta será destruido.

☠ En 70-90 años, el planeta será completamente diferente de hoy; la razón principal es el aumento del nivel del mar (30-70 cm; o más) y las condiciones climáticas caóticas.

☠ El volumen de tierras agrícolas se disminuye constantemente; también la calidad y fertilidad del suelo; la gente tendrá que comer alimentos preparados en el laboratorio.

☠ El agua potable es cada vez más rara; también el agua para la agricultura. El futuro: ¡Morir de hambre y sed, o ir a la guerra!

☠ La historia occidental está llena de mentiras, distorsiones, ignorancia e interpretaciones erróneas. ¡El pasado determina el futuro!

☠ La historia no es reconciliada. Los conflictos de siglos anteriores resurgirán una y otra vez. No hay solución más allá de la verdad.

☠ Hay millones de cabilderos que engañan y chantajean a los políticos todos los días. El cabildeo es una epidemia, que destruye la democracia y la transparencia.

☠ El sistema de acreditación por gobiernos es una de las principales causas de fracaso en los negocios, en la economía y en la política; educación alienada y psicología sin alma son también las consecuencias de esto.

☠ "Dios escribió / dijo": Este es un truco de marketing durante miles de años. Nunca es Dios, sino siempre el espíritu interior por los sueños.

☠ Las maravillas de J.C. son cuentos de hadas o una psicosis religiosa, utilizada como truco de marketing. Los milagros nunca se refieren a la vida interior.

☠ Los gobiernos occidentales tienen trillones de deudas. Las personas en los países industrializados viven y consumen a expensas de las siguientes 4-6 generaciones.

☠ Orar no forma la vida interior, no promueve el autoconocimiento, está fuera de la interpretación de los sueños y del proceso psíquico-espiritual.

☠ El 65% de las enfermedades y accidentes son el resultado del estilo de vida occidental, del pensamiento occidental, de actitudes estúpidas y de la ausencia de la contemplación.

☠ La política es un pantano de mentiras, falsedad, juegos, intrigas, torsiones, fraudes, narcisismo, locura e indiferencia hacia los ciudadanos.

☠ El desempleo mundial aumentará, y nadie piensa que el trabajo es también una necesidad interior verdadera (humana), hoy en día completamente podrida.

☠ Los padres en los Estados Unidos hablan con sus hijos durante 3 minutos al día, pero ven 6 horas televisión al día (promedio). No es mucho mejor en los países europeos.

☠ Muchas mentiras sobre otros países están orquestadas con el único objetivo de ir a la guerra por las materias primas y por el nuevo orden mundial fascista.

☠ J.C. y la "santa" María son ideales falsos deshumanizados, devalúan a cada hombre y a cada mujer en un ser humano inferior.

☠ "Jesús dijo:" Es una gran mentira. Nadie sabe lo que dijo. 60-80 años después de su muerte, algunas personas desconocidas han escrito sobre él.

☠ Los 4 evangelistas nunca existieron. Nadie sabe quién escribió los Evangelios, quién cambió estos textos mil veces y más por los siglos en el interés del lavado de cerebro.

☠ En 40 años, 10 mil millones de personas vivirán en esta tierra. El equilibrio, la democracia, la seguridad, la salud, la educación, el amor y la paz se perderán.

☠ Los bebés nacidos hoy y mañana tendrán que pagar por todos los daños; y la mayoría sufrirá de pobreza, miseria, hambre, contaminación y guerra.

☠ Incluso si ya tienes 40-50 años de edad, tendrás que vivir una pesadilla en 20-40 años. ¡Y ninguna provisión para la vejez te enviará dinero cada mes!

➡ ¿Quieres todo esto para tu futuro, para el futuro de tus hijos de las siguientes generaciones? Si es así, ¡nunca vendrás al paraíso!

60. Despierte ... ¡Rápidamente!

No importa si eres una persona "normal" de un país capitalista-industrializado, si eres cristiano o judío, o si estas en una posición especial como político, maestro, profesor, experto, millonario o multimillonario, gerente (CEO), sacerdote, cardenal, papa, rey, etc., con una probabilidad de 80-90% tus antepasados, tus padres, tus maestros, tus amigos, tu religión, tu religión, los medios de comunicación y tu entorno te han hecho lo que eres hoy (puedes elegir lo que es adecuado para ti):

➜ Una persona reducida e irrazonable de valor escaso

➜ Un animal no identificado sin instintos

➜ Una biomasa humana ciega y lavada de cerebro

➜ Una boca grande presumido sin veracidad

➜ Un ser lleno de mentiras, automentiras y mentiras de la vida

➜ Un ser humano deformado, retorcido y desfigurado

➜ Un ser roto, encadenado y suprimido

➜ Un objeto vivo artificial y superficial

➜ Un producto muy débil, adulterino, copiado

➜ Un monstruo codicioso, glotón e insaciable

➜ Un charlatán, fanfarrón, farolero, bluffer y jugador

➜ Una criatura desinformada, ignorante, estúpida y primitiva

➜ Un charlatán y narrador que envenena el entorno

➜ Un perezoso ingenuo, crédulo y seducible

➜ Una criatura arcaica, perversa y psicópata

→ Un narcisista inflado con un ego desfigurado

→ Un seguidor, imitador, estereotipo del colectivo

→ Un ser animalista con un núcleo podrido

→ Un bromista hipócrita, lamentable y molesto

→ Una biomasa humana cómoda, perezosa, flemática y mimada

→ Un destructor, una trituradora, un jugador, amargurador, odiador

→ Un ser inútil que sólo parlotea y roba

→ Un pequeño pensador, prehomínido incapaz de pensar

→ Una biomasa energética viva, caótica y emocional

→ Un ser muy ineducado, autoalienado, loco

→ Una criatura mentirosa, falsa y brutal sin capacidad de amor

→ Una persona aburrida y dominante, demasiado perezosa para aprender

→ Una máquina ciega, empujada del ego "Yo-hago-lo-que-quiero"

→ Una persona indiferenciada, irresponsable y estúpida

→ Un humano reprimido, desfigurado, falsificado y retorcido

→ Una persona obsesionada, empujada religiosa-psicóticamente

→ Una bestia interiormente débil, sólo materialmente fortalecida

→ Una persona esclavizada, explotada, abusada, deshonrada

→ Un ladrón explotador, esclavizado, profanado, ahogado

→ Un diablo, una bestia, una persona completamente mala

→ Una criatura beligerante, cachonda a guerra, depredadora, asesina

→ Un mentiroso, un infame y destructor de valores psíquicos-espirituales

→ Una criatura irrazonable, inescrupulosa, violenta y despiadada

→ Un ser loco, trapicheando, inhumano

➜ Una figura delirante obsesionada, un asesino múltiple global

➜ Un destructor de la naturaleza, de especies, del clima y del planeta

➜ Una persona envenenada la confianza, el amor, el espíritu y la verdad

➜ Un asesino ateo de la verdad, un asesino del amor y del espíritu

➜ Una pesadilla aterradora en nombre de J.C.

➜ Una plaga para la humanidad que no deba tener futuro

➜ Un caso absolutamente desesperanzado para Dios y el espíritu

➜ ¿Una criatura desesperada e inútil para un Mesías?

¡El paraíso está cerrado a semejantes personas arcaicas! ¡No se les dejará entrar! ¡Nunca permitiré que el paraíso sea envenenado y contaminado por tales almas!

Si eres una de las raras excepciones, eres un verdadero modelo del ser psíquico-espiritual para el futuro de la humanidad. Esto es esperanza.

Pero si eres una de esa biomasa humana baja, muy peligrosa, puedes aprender hoy a cambiarte hacia ser humano real.

Pero, si no quieres cambiarte, eres un peligro para la humanidad y el planeta, y tu alma está realmente perdida. Porque con un estado tan arcaico-diabólico nunca puedes ir al paraíso. Y en tu vida real, no mereces nada mejor que la Tercera Guerra Mundial, resultando de esta humanidad peculiar y desfigurada.

¿Cómo puedo perdonarte si no quieres convertirte en un ser humano? ¡No quiero convencerte! Hay más de 10.000 locutores actuando hipócritamente con mentiras y juegos y trucos falsos.

He perdido toda esperanza de que quieres realizar los arquetipos del alma. Por otro lado, lo tengo todo, con una certeza inquebrantable de que puedo llevar a un buen futuro hacia el "ser humano verdadero" a los que sobrevivirán a la Tercera Guerra Mundial.

Esto no es racismo ni difamación. Este es simplemente el resultado filosófico, histórico y psicoanalítico-científico; sin duda, en pocas palabras, con algunos términos acentuados.

Mi intención es una humanidad con los arquetipos del alma, con paz, veracidad, esperanza, amor y espíritu interior.